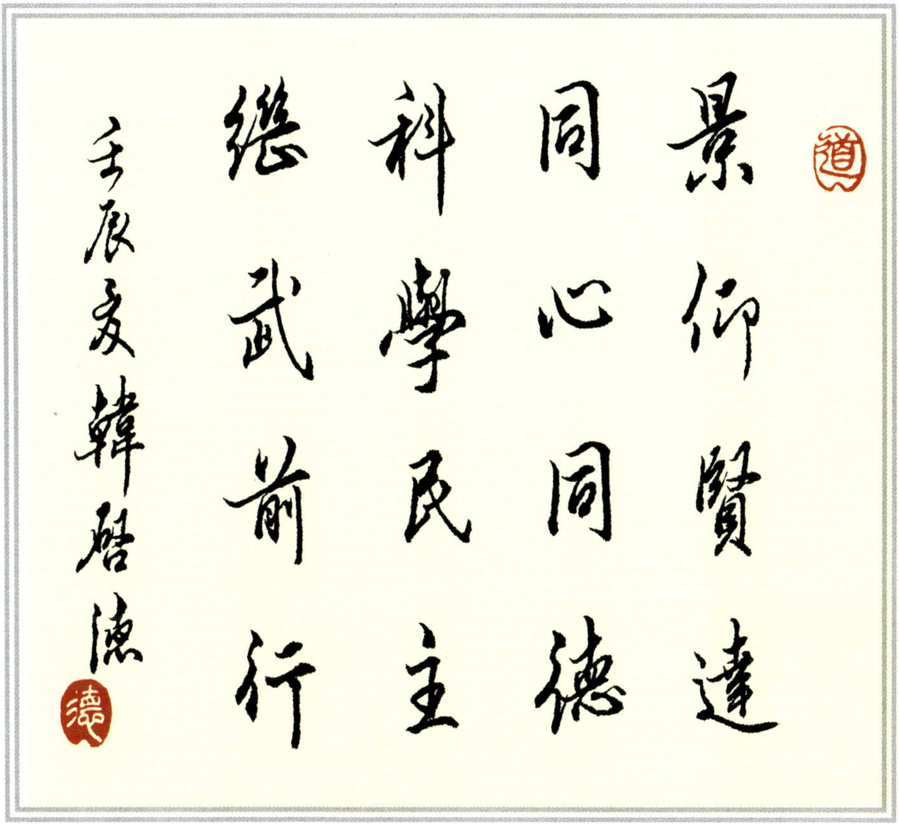
景仰賢達
同心同德
科學民主
繼武前行
壬辰夏 韓啓德

王习三大师在绘画。

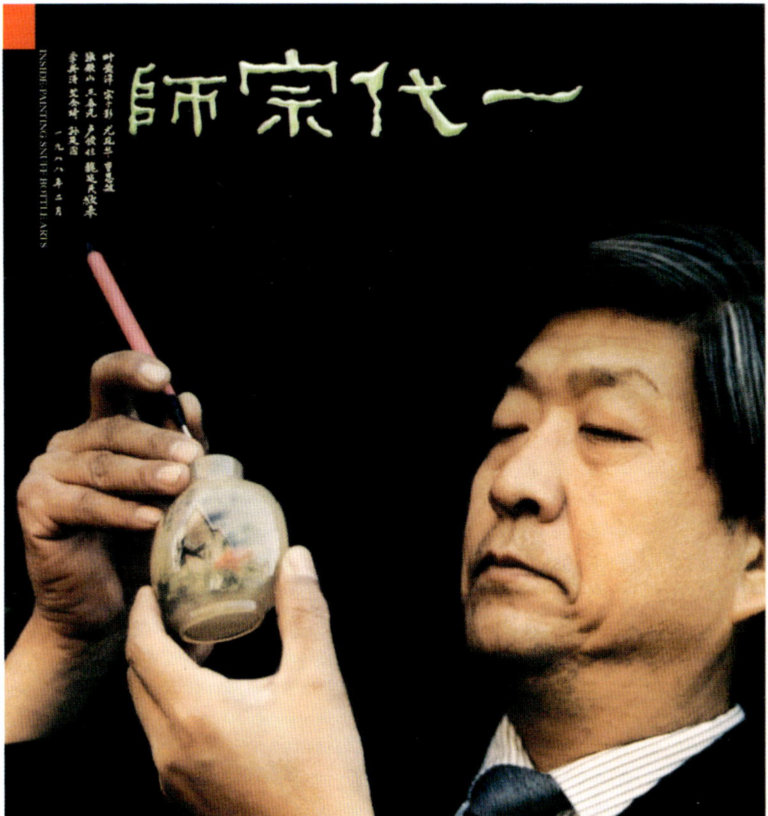

一代宗师

王刁三授徒。

王刁三在旧金山献艺。

王习三大师担任北京奥运会火炬手。

清代皇帝皇后像鼻烟壶
Portraits of the Emperors and the Empresses of the Qing Dynasty

清代帝后像

美国历届总统像
A complete set of American Presidents Portraits
a complete set of american presidents portraits

美国历届总统像

中国十二朝代名君国宝图

九三学社人物丛书

王刃三传

李琳　梁晓辉　著

學苑出版社

图书在版编目（CIP）数据

王习三传／李琳，梁晓辉著．—北京：学苑出版社，2012.9

（九三学社人物丛书）

ISBN 978-7-5077-4082-0

Ⅰ．①王…　Ⅱ．①李…　②梁…　Ⅲ．①王习三－传记　Ⅳ．①K825.72

中国版本图书馆 CIP 数据核字（2012）第 185755 号

责任编辑：方晓喆
封面设计：智行东方
出版发行：学苑出版社
社　　址：北京市丰台区南方庄 2 号院 1 号楼
邮政编码：100079
网　　址：www.book001.com
电子邮箱：xueyuan@public.bta.net.cn
销售电话：010-67675512、67678944、67601101（邮购）
印 刷 厂：高碑店鑫宏源印刷厂
开本尺寸：787×1092　1/32
印　　张：8
字　　数：130 千字
版　　次：2012 年 9 月第 1 版
印　　次：2012 年 9 月第 1 次印刷
定　　价：19.00 元

丛书编委会

本书编委会

总 序

九三学社是在中共抗日民族统一战线政策影响和感召下，于抗日战争后期成立的，她参与新中国的建立，成为在中国共产党领导下爱国统一战线中八个民主党派之一。在共和国成立以来的60多年里，九三学社始终弘扬爱国、民主、科学的传统，与中国共产党风雨同舟，共同探索中国特色社会主义政治发展道路，在国家建设、改革、发展征途上留下了闪光的足迹。在此历史进程中，九三学社发展成为拥有13万多名社员、组织比较健全、有较强参政能力和较高社会地位的政党。

九三学社走过的历程，是一部无数优秀人物引领广大同仁一往无前、执著追求的奋斗史。抗日战争时期，面对国破家亡、山河破碎，九三学社创始人或多方奔走，参与抗日，或介绍新知，宣传救国。解放战争时期，面对独裁专制、民不聊生，九三学社同仁或大声疾呼民主，反对暴政，或积极主张科学，倡导革新。新中国成立后，面对百废待兴的局面，九三学社同仁和全国人民一起殚精竭虑、奋斗不止。九三学社各个时期旗帜性人物身上体现出的崇高风范和优秀品质，是我社最宝贵的精神财富。回顾九三学社的历史，我们有勇往直前、舍生取义的革命家和社会活动家，有淡泊名利、刻苦钻研的科学家，有不畏权势、追求真理的人文学者，有忍辱负重、甘为人梯的教育工作者……他们共同铸就了九三学社一以贯之的灵魂——爱国、民主、科学，九三学社的优良传统在他们身上得到最好的诠释。

九三学社中央一直重视整理保存社史、发挥社史资政育人的作用，2007 年又启动了以史料抢救和整理为重点、包括七个方面内容的社史工程。几年来，社史工程取得了显著成绩，《社史研究通讯》的编辑出版、社史专题片的拍摄、口述史工作的启动、社史文物收集等各个方面都有不同进展。“九三学社人物丛书”作为社史工程的一项重要内容，经过各方面辛勤的努力，也结出了丰硕的成果，第一批图书已完成了撰写、编辑，即将出版。这套丛书选取九三学社重要创始人、早期著名社员、历任社中央领导，以及在本人所从事领域里取得突出成就的旗帜性人物，力图以翔实的史料和平实的语言再现前辈先哲们曲折丰富的人生历程和绚丽夺目的光辉业绩。我相信，丛书的出版必将激发我社成员和广大读者继承他们的优良传统，体会他们忧国忧民的赤子情怀，感受他们坚毅从容的人格风范，学习他们精益求精的科学精神，为巩固、完善和发展中国共产党领导的多党合作和政治协商基本政治制度，为中华民族的伟大复兴，做出更大贡献。

是为序。

韩启德
2012年8月

目 录

第一章　初窥门径

“天将降大任于斯人也，必先苦其心志，劳其筋骨，饿其体肤……”

纵观历史我们发现，任何一位伟人的成长都不是一帆风顺的，正是在艰难困苦之中，他们发现并发掘了真理的光辉。王瑞成也是如此，他的命运同样受到历史环境的影响。如果不是那段特殊的历史时期，他很可能就会像大部分平凡的劳动者一样，一帆风顺地成为一名普通的人民教师，或者一名普通工人，而不可能成为当今的内画大师王习三。

“国家不幸诗家幸”，但现在的光环并不能湮灭当初的灾难给王瑞成带来的痛苦。对于一个不谙世事的孩子，亲人的离去是他生命中最沉痛的打击。随着父亲被错误地当作“一贯道”镇压，原本快乐的家庭蒙上了沉重的灰色。接着倒霉的事接踵而至，先是高考因为家庭出身不能被录取，后又因母亲煤气中毒没有成为一名老师。没有生活来源让王瑞成和整个家庭陷入了最困难的境地。

在这个特殊的历史背景下，王瑞成受到了最初的艺术启蒙，并打下了坚实的基本功。启蒙往往非常重要，一个好的启蒙不仅能够对童年时期产生重要的影响，甚至影响人们的一生。天赋，往往是这样被激发才显现出来。也许冥冥中自有注定，王青芳、尹瘦石两位先生的出现，让王瑞成对艺术产生了更加浓厚的兴趣，刻苦的练习让他的画技突飞猛进。在我们为大师的成长历程感到心酸时，也许我们更需要深刻地反思那个时代。

第一节　佛堂中的师徒情缘

1942 年，北平。

王恩良在佛像前虔诚地拜了又拜，回过头把儿子拉到跟前。小瑞成很自觉地像父亲一样上香、叩拜。王恩良目不转睛地看着这个懂事的孩子，嘴角露出了一丝笑意。菩萨保佑，我王恩良 13 岁那年迫于生计背井离乡，徒步 500 里进京谋生，如今总算是成家立业。一家鞋店虽然不大，但在这风雨飘摇的动荡时局中，也足以养家糊口了。贤惠的妻子，乖巧的儿女，上天总算待我不薄。接下来，希望菩萨继续眷顾我们这个虔诚的家庭，保佑孩子们能够顺顺利利、长大成才。想到这儿，王恩良脸上的笑意更浓了。小瑞成熟练地完成了参佛礼拜的一系列程序，站起来静静地等待着父亲的指示。虽然，小瑞成今年只有 4 岁，但他对上香拜佛已经习以为常。在小瑞成的印象里，他好像从生下来就是在这自家的佛堂里度过的。不谙世事的瑞成自然不明白什么是神灵的保佑，也不会懂得父亲对神灵的虔诚，但这丝毫不影响他对这个佛堂的兴趣。王家的佛堂里有很多佛像：泥的、瓷的、玉的、木的、石的、铜的，慈眉善目的、神态安详的、庄重肃穆的，个个栩栩如生，让人百看不厌。这一尊尊做工精美的佛像极大地吸引着小瑞成的注意力。对于小瑞成来说，佛堂就是他心中的乐园，他常常在这里望着这些佛像出神，此刻也不例外。王恩良轻轻地拍拍儿子的头，拉着还在怔怔出神的小瑞成走向佛堂的门口，把他的手交到了一直站在那里的刘玉才手中。小瑞成怯怯地叫了一声“先生”，他知道，新的一天开始了。

王恩良不想瑞成走他的老路了。他不会忘记自己一个不通文墨的手艺人是如何在天桥白手起家、艰难谋生的，能有今天，全靠老天爷赏饭吃。可是瑞成不一样，他应该有更好的选择，也许有一天，瑞成能名扬天下也说不定。那给瑞成找个老师吧，账房的刘先生就可以。

小小年纪的王瑞成开始跟着刘玉才学习了。以前，小瑞成只知道他是自家佛堂的账房，是父亲的好友。现在，小瑞成发现他还是一个很好的“玩伴”，而不是想象中可怕的私塾先生。因为刘先生会陪他看佛像，会给他讲故事，会给他画画，当然也还会教他写字。刘玉才擅长书法，颜体楷书、行书都写得很好。他经常手把手地教小瑞成写字、临帖。而聪明伶俐的小瑞成在书法、绘画方面也表现出了特有的天赋。更让刘玉才和王恩良惊讶的是，小瑞成从不觉得这种枯燥的练习辛苦，反而沉浸在这种快乐里，不可自拔。

欢乐的时光总是短暂的，三年之后，刘玉才离京去了内蒙古，临行前把他精心收藏的名家字帖全都送给了小瑞成。小瑞成如获至宝，反复临摹，长年不懈。可能谁也不曾想到，多年以后，王瑞成这一手清逸遒劲、融颜真卿、赵孟頫风格于一体的书法，为他日后从事“内画”打下了坚实的书法基础。

第二节　小小瓶中的神奇世界

在刘先生走后的这年秋天，王瑞成上学了。

每天，小瑞成随着父亲参佛礼拜之后，都从佛堂穿过自家葡萄成荫的院落，走出位于北平城南珠市口的家，到离家不远的板章路小学去上学。

学校的老师很喜欢小瑞成，因为小瑞成聪明乖巧，字又写得很漂亮。可小瑞成却总会时不时地想起他的刘先生。放学回家的路上，小瑞成常会在天坛附近转上几圈。这个地方对小瑞成来说是再熟悉不过了。古朴宏伟的建筑、吵吵嚷嚷的街市、认识的不认识的人们、见过的没见过的东西，这些曾经被小瑞成画进画里的一切，都是他和刘先生的共同记忆。有一天，小瑞成在这里又有了新发现。

天坛祈年殿旅游纪念品小卖部内，明净的橱柜里，一排形状各异的小玻璃药瓶在夕阳下泛着柔和的光彩。小小的瓶上画着花鸟鱼虫、山川河流，精致而细腻。对绘画有着特殊敏感神经的小瑞成忍不住拿起一个仔细端详。一丝惊异的表情顿时显现在他稚嫩的脸上。瞪大眼睛仔细看，再用手摩擦小瓶试一试，小瑞成终于“啊”的一声叫了出来。画不是画在小瓶的外边，而是里边！怎么可能？这么小的瓶口，如此完美的画面，这对于7岁的小瑞成来说简直不可思议。看着小瑞成诧异的神情，小瓶子的主人忍不住笑了。这个孩子真是太可爱了。随和的摊主变戏法似的拿出了一根细细小小的笔和一个透明的玻璃瓶朝小瑞成晃了晃，然后气定神闲地坐在木桌前，将笔伸进食指般小的瓶口里，一点一点地画起来。小瑞成怔怔地看着他，这时他脑袋里只有一个词——神奇。

这天晚上，小瑞成回家很晚。吃饭的时候，他把见到的事向家人说了一遍又一遍。父亲和母亲只是淡淡地笑，而姐姐瑞琴和弟弟瑞琪的眼睛却越瞪越大，如同瑞成刚见到小瓶时的模样。在京城混迹多年的父亲告诉小瑞成，那些小瓶叫鼻烟壶。鼻烟壶内壁上作画是一种特殊的工艺，行内人称之为内画，北平的人都了解。小瑞成信服地点点头。除了刘先生，父亲是他心目中知识最渊博的人。

明亮的月光照在床上，小瑞成还在想着那些精美绝伦的小瓶儿。不对，是内画鼻烟壶，小瑞成微笑着自我更正。实在是太神奇了，明天放学要再去看看。

太阳照常升起又落下，小瑞成一如既往地上学又放学，只是每天回家之前多了一件事——去天坛看内画。

当然，一向乖巧听话的小瑞成在学校的表现始终让父母放心。正常学习之余，小瑞成经常参加学校组织的美术活动，还与爱好美术的两位同学组织了“三友社”，共同切磋绘画技艺。这些都让王恩良欣慰不已。

虽然很多年后，王瑞成的成就可以让王恩良更骄傲，但他没有机会看到了。1951 年，新中国成立后的第三年，政府取缔“反动会道门”组织的政治运动拉开大幕，王恩良就在这场“镇压反革命”的运动中被处决。“一贯道”这个词对于13岁的王瑞成来说实在是太陌生了。在小瑞成的脑袋里唯一能和什么“道”联系起来的东西就是自家的佛堂，因为父亲过世后佛堂就被查封了。小瑞成曾经不止一次地追问母亲：父亲的过世是否和佛堂的查封有关。而母亲每次的回答都只是无声的泪水。对父亲的处决公平吗？难道有佛堂就是“一贯道”吗？父亲的离去使小瑞成过早地品尝到人生的无常和苦涩。放声痛哭过后，小瑞成更加沉静，也更加懂事。

第三节　第二位先生与一面之师

父亲走后几个月，1951年秋，小瑞成进入北京第二十八中学读初中。开学的第一天，他每天光顾的旅游工艺品店店主送了一只精致的烟壶给他做纪念。

在学校里，瑞成门门功课都很好，但他最爱上的还是美术课。王瑞成扎实的绘画功底和过人的创作天赋也引起了美术老师王青芳的注意。

王青芳，安徽萧县人，号芒砀山人，室名万版楼，又署万版楼主，擅花鸟、山水、篆刻等，初受其兄长、我国著名美术大师王子云的影响，1921年考入南京师范学校学习美术，1923 年转入北平艺专，与李苦禅等人同窗，1927 年在艺专举行个人画展后与颜伯龙在校教授花鸟课。王青芳与齐白石情同手足，白石先生与王青芳经常切磋画艺、品茶，白石先生众多印章为青芳先生所刻。1945 年，徐悲鸿聘齐白石任教，经齐白石推荐，王青芳也受聘为北平美专国画系讲师。建国前后，王青芳在国画和篆刻界享誉日高，求刻求画者门庭若市。这样一位在北京美术界享有盛誉的名家，是学校里喜爱绘画的孩子们崇拜的偶像。

一般来讲，在偶像面前，大部分的人都会显得拘谨。瑞成的很多同学也是这样，他们在王老师面前总是

后排从左至右：张次溪、王青芳、小泽文四郎，前排：齐白石

战战兢兢，所有的临摹绘画也全部仿照老师的风格，中规中矩，唯恐出现一点差错。而瑞成不一样，他喜欢与众不同。从小痴迷于看佛像的他深信，每种事物都会像他家的佛像一样，从不同角度看都能发现不同的美。所以，当王老师收到同学们交的一份作业的时候，总会收到瑞成的三份、四份，甚至更多的作业。在王瑞成身上，王青芳看到了自己的影子。是啊，他跟自己年轻的时候多像啊，学过王子云，学过徐悲鸿，但最终还不是发自于现实生活的真实感受成就了自己。想到这些，王青芳笑了。也就是在这一年，王瑞成正式成为王青芳的弟子，开始中国画技法的专业学习。瑞成很高兴，刘先生之外，他有了第二个老师。

王青芳对瑞成的训练和要求极为严格，从最基本的理论、线条、色彩、透视、构图到临摹、创作，王青芳倾其所能，瑞成更是如鱼得水般悠游其中。日子就这样在这略显枯燥却又充满乐趣的生活中一天天过去。

王青芳最擅花鸟、山水，王瑞成在这方面也着实下了苦功。只要有空，王瑞成都要到北京的各公园转转，不是去玩，而是去看公园里的花草树木。北京的名胜有很多，而中山公园是王瑞成的最爱。

又到了春夏相交、草木葱茏的季节。周日一大早，王瑞成就背着画夹赶往中山公园。今天这里水榭的兰花馆有一个兰花展。王瑞成轻快地穿过曲折的彩绘长廊，绕过枝繁叶茂的参天古柏，爬过错落有致的堆石叠山，他像只快乐的小鸟飞到了波光楼影、景色如画的水榭。眼前别有江南风情的奇妙意境让瑞成沉醉——画里就是这样的。走进兰花馆，沁人心脾的清香扑鼻而来，飘飘忽忽，若有若无，闻之如入仙境。虽然来这里不是一次两次了，但瑞成仍对这个地方充满了浓厚的兴趣。

馆内是一簇簇的兰花，争芳吐艳。面对满眼的烂漫，瑞成恍恍然沉醉其中，一画而不可收拾。他从不同的角度、用不同的构图，精心写生，从上午到傍晚，四幅画一气呵成。微微吹过的一阵风将瑞成放在身边的画纸吹了起来。不待起身去捡，一只手已将画交还到瑞成手中。这是一位气质儒雅的中年男子。全情投入的瑞成完全没有意识到，他已经站在自己的身边很久了。一句“谢谢”拉开了两人谈话的序幕。瑞成很惊地的发现，这是一位国画的行家。自己对画作的种种不满意，都被眼前这位旁观者一眼看穿。不错，兰花难画，有形无神是其大忌，也是王瑞成的痛处。其实，对于一个十几岁的孩子来说，王瑞成已经画得相当不错了。兰花叶姿的清雅潇洒，花形的万千姿态，王瑞成在他的四幅画里都有不同的体现：其软垂叶者，娇姿婀娜；其斜披叶者，飘逸洒脱；其斜立叶者，刚柔相济；其直立叶者，雄健刚劲。兰花中的荷瓣花、梅瓣花，品相端庄，气宇轩昂；兰花中的水仙瓣花，灵动秀气，温文尔雅；兰花中的奇花、蝶花，或形如秋菊巧夺天工，或形如牡丹雍容华贵。但偏偏兰花那高洁优雅的气质，瑞成却无从得来。幸而，儒雅男子的一席话如醍醐灌顶使瑞成顿开茅塞："美要有取舍，否则会喧宾夺主。画兰花要研究它生长的规律，发现并留住它最美的部分，要善于去其糟粕取其精华。"这几句简短也并不深奥的话，王瑞成记了一辈子。

兰花展结束了，但水榭依然，兰花依旧。王瑞成也每个星期必来一次，用画笔来记录兰花的神韵。一个星期，两个星期，三个星期……瑞成笔下的兰花日见功力，然而儒雅男子却再也未见。兰花将谢的时节，瑞成画下今年的最后一朵兰花。熟悉的声音又一次传来，瑞成惊喜地见到了故人。一大一小相视而笑。中年男子接过瑞成手中的画仔细端详，点头微笑之后，欣然提笔，在画纸留白的地方写下了孔夫子的教诲——"芝兰生幽谷，不以无人而不芳，君子修道立德，不为穷困而改节"，落款——尹瘦石。

这个名字很熟悉，好像在哪里听说过。瑞成在自己的房里，手捧着这幅画一边看一边围着书桌绕圈。这是瑞成的习惯，每当他想事情的时候，总爱绕着桌子转圈。这是一张具有浓郁明式风格的大木桌。桌面长方形，攒框做，面下四角腿外侧有角牙，牙条下安罗锅枨，成一腿三牙罗锅枨式。直腿外撇，侧腿收分，明显可见。四腿用圆材，粗硕有力。乍看起来，这和故宫博物院里收藏的明代黄花梨画桌差不多，可瑞成知道它不是黄花梨、不是紫檀、也不是红木，只是用最最普通的木头仿做的，是父亲在世的时候买下的。当时王家的生活不算艰辛，也不是非常宽裕。买这张仿做的画桌花了不少钱，但王恩良觉得很值得。瑞成很喜欢这张桌子，够大、够结实，在上面写字画画很舒服。当然，桌上还有着父亲的味道。桌上放的是瑞成每天不离手的笔墨纸砚，还有一只小小的鼻烟壶。瑞成转了一圈又一圈，仍然没有结论。不管是谁，总是自己应该记住和感谢的人。

王青芳看画时的专注神情让王瑞成有些担心。虽然，瑞成对老师的严厉和挑剔已经习以为常，可这次老师似乎对他画的兰花格外关注。王青芳的画室简洁明亮，也安静得吓人。平常他是不允许别人进来的，除了瑞成。瑞成小心翼翼地观察着老师的表情，直至王青芳脸上泛起不易察觉的一丝微笑。瑞成长长地舒了一口气，这已经是他见过的老师最满意的神情了。老师没对瑞成的画做过多的评价，却看似轻描淡写地问起了尹瘦石。当瑞成讲完在水榭画兰的事情，王青芳似乎有些惊异。也是，谁会相信一个名不见经传的孩子会和声明显赫的尹瘦石扯上关系呢。

王青芳和尹瘦石互不相识，但他却对这位在国难当头、民族危亡之际出现的爱国艺术家由衷地钦佩。1945年，尹瘦石和诗人柳亚子联合举办的轰动全国的“柳诗尹画联展”，曾让王青芳心驰神往，可惜没有机会前往观赏。这场由毛泽东题写展名，并有郭沫若、茅盾、沈钧儒、黄炎培、徐悲鸿、翦伯赞、丰子恺、刘开渠、陈迩冬、陈翔鹤等人发表评论的联展，一举奠定了尹瘦石在书画艺术界的地位。之后，尹瘦石得到周恩来帮助，到达晋察冀边区，任华北大学文艺学院教员，并在1947年随内蒙古文工团从事宣传，主编《内蒙古自治报》副刊及《内蒙古画报》，随后在北京出席第一次全国文代会，当选为中华全国美协委员。1950年，尹瘦石出任内蒙古文联筹委会副主任，后任内蒙古自治区文教委员会会员、内蒙古政协委员。真是想不到，并不常住北京的尹瘦石居然能遇到王瑞成。王瑞成也没想到，那位气质儒雅、随和亲切的中年男子有着如此响当当的名头。

有些人一生都在寻求名师的指点却苦无门路，有些人却在不经意间就拨动了大师的心弦。机会总是垂青于有准备的人，这句话似乎是老生常谈，却也是亘古不变的真理。

流年似水。当时光的日历翻到1956年的时候，瑞成拜在王青芳的门下已经五年了。五年间，王青芳看着自己得意门生的技艺日渐精进，真是说不出的欣慰。这一年的11月，56岁的王青芳离开了人世，18岁的王瑞成经历了人生第二次永久的离别。

自王青芳先生去世之后，王瑞琪很郁闷。以前瑞琪最喜欢站在瑞成的大画桌旁看哥哥画画了。不似瑞成般内向沉稳，瑞琪整天跑来跑去，没有片刻安宁，除了在看哥哥画画的时候。瑞成画的实在棒极了，比瑞琪在公园里见到的花鸟还漂亮。瑞琪常常把瑞成和他的画挂在嘴边，也偶尔偷偷拿一两幅哥哥的作品向同学们炫耀，并引来他们艳羡的目光。每当这时候，瑞琪那招牌式的骄傲又略带狡黠的表情就会出现在众人面前，可爱又好笑。可是现在，瑞琪开始对这个引以为傲的哥哥有意见了。自从王青芳老师去世后，瑞成就有点疏于他的功课了。他时常坐在画桌前面发呆，任凭瑞琪在一旁不厌其烦的央求。催得急了，他就只画一幅画，画了一张又一张，并把它们全部贴到正对书房门的墙壁上……

瑞琪无奈地撇了撇嘴，在他眼里，这些全部一样的画黑黑白白，实在没什么好看。可在瑞成眼里，看见这些画就等于看见了王青芳。瑞成画的是王老师的《松鸟图轴》。这是王青芳生前最满意的一幅作品，画于1947年，并于画上题“是非黑白分明在，不容混水贪污人”之语以自警。五年里，瑞成曾经无数次在这幅画前接受王青芳的教诲。而今，往昔熟悉的日子须臾如烟花般消散，点点记忆只晕染成了眼前这一幅又一幅的《松鸟图轴》。

月华初上，寒凉如水。看着满墙曾经的记忆，瑞成哽咽无语。“自古生离足感伤，争教死别便相忘。荒陂何处坟三尺，老眼他乡泪数行。多事春风吹梦散，无情寒月照更长。还家恰是新寒节，忍见堂空纸挂墙。”生离死别对于尘世间的芸芸众生永远是一种无法言说的痛。

第四节　失意的高考

这年春节过后，瑞成习画的时间越来越少了。因为在1957年的7月，王瑞成将要迎来他生命中最重要的一次考试——高考。为此，他全力以赴。王瑞成知道父亲的遗愿，更何况考上大学也是瑞成自己的心愿。不管怎样，天之骄子的称呼总是让人羡慕的，象牙塔的生活更是让人心驰神往。准备考试的日子紧张而忙碌，闲暇的时候瑞成会用他最熟悉的画笔来放松紧绷的神经。

6月，王瑞成将他认真填写的报考志愿书连同贴着邮票的信封一同交给了班主任。清华大学土木建筑系是王瑞成的第一志愿，这是个深思熟虑很久后才做出的选择。到全国最好的学府学建筑，将来既可以为国家建设做贡献，自己多年来的绘画功底也能派上用场，真是一举两得。

7月15日，满怀着对未来生活的无限遐想，王瑞成走进了考场。语文、化学、物理、政治、数学，全都没问题。17日之后，瑞成自信他和家人目前所要做的就是等待——等待含辛茹苦的母亲望子成龙夙愿的实现，等待姐姐脸上绽放出欣喜的笑容，等待瑞琪将欢庆的鞭炮点燃，等待瑞成所能预见的美好前程。

终于等来了这一天，结局却是残酷的。班主任无奈的眼神告诉瑞成他的学生生涯就此终结——不是他考得不好，而是他不能选择他的家庭出身。

从学校回来，王瑞成站在自家门口呆呆地看着这生活了19年的家。一对黑得发亮的小石狮子伴着两扇红漆脱落的大门，门上碗口大小的黄铜门钹已然锈迹斑斑，垂着的门环在正午的阳光下折射出慵懒的光，屋檐下的画梁和木雕经过多年风雨的洗礼虽风华不在却仍依稀可见。绕过山水画装点的影壁墙，沿着有些硌脚的石子小路，走过幽雅的院落，前院栽下的葡萄架郁郁葱葱，这和普通北京人家的四合院没有什么区别，只不过是大了一些。王瑞成实在想不明白，为什么自己的家比别人的稍大就不能上大学，为什么父亲已经不在了，自己还会被拒之象牙塔外。

假如王恩良还在，这个饱经沧桑的汉子一定会失声痛哭，他为这个家，为瑞成所做的一切在今天都成了泡影，而更让他痛心的是，断送儿子前程的那个人竟然就是自己。

尽管王瑞成没有告诉母亲自己落榜的原因，可母亲还是听到了风声。坚忍的母亲没有哭，但这之后的很长一段时间，也没有人再见母亲笑过。全家人聚在院子里说说笑笑的温馨场面也随着瑞成的大学梦一去不复返。

第五节 擦肩而过的教师生涯

日子总要过下去。王恩良去世后，王家日益拮据，仅能靠母亲在街道工厂干零活的微薄收入来维持生计。辛苦是必然的，但再辛苦也只能坚持。现在，到了王瑞成挑起家庭重担的时候了。可是找工作真的不容易，他已经尽力了。每天穿梭于北京的大街小巷，不管什么工作，瑞成都满怀希望地去尝试，最后却总是失望而归，无奈之下只得靠誊写来挣些零钱，贴补家用。瑞成不会把这些烦心的事向母亲倾诉，那只会徒增她的烦恼，她已经够苦了。皇天不负有心人，总会有守得云开见月明的一天吧。

让瑞成始料不及的是，这一天很快就来到了。12月的一天，瑞成的工作有了着落。学校和办事处在蓟县中学替瑞成谋到了一个老师的职位，这个消息让长时间抑郁寡欢的王家人终于有了些许安慰。瑞成更是兴奋得有些过头，是的，该有个新的开始了。

报到的日子到了。新生活的第一天，一定要给人一个好印象！瑞成早早地起床梳洗，姐姐仔细地给瑞成清点行装，生怕落下什么东西。瑞琪跟在瑞成身后一刻不离，听说蓟县离家很远的，可能很长时间都不会见到哥哥了，还是趁现在强化一下兄弟感情吧。当然，瑞琪怎么也不会忘记求哥哥回家的时候带点十八街大麻花，这可是瑞琪想了好几天才想到的。

一切收拾停当，姐姐、瑞成和瑞琪来到餐厅准备开饭，可是母亲不在。三姐弟并不奇怪。母亲一定是出去买瑞成最喜欢吃的豆腐脑了，离了北京，也很难再吃到了。

墙上的钟滴滴答答地响着，瑞琪的肚子开始咕咕地叫了。母亲还没回来。瑞成常吃的那家摊子就在胡同口，来回也不过十分钟。可是现在……，这让瑞成有些不安了。瑞成起身来到院子里，他想出去看看是否排队买饭的人很多。即将走出院子的时候，瑞成不经意地回头瞟了一眼母亲所在的屋子，门窗都是关着的。瑞成有些奇怪，母亲一直以来的习惯就是起床后开门开窗通风，哪怕冬天也不例外。难道母亲还没起床？也不太可能，母亲是出了名的勤快，更何况今天他的儿子就要走了。“啪、啪”清脆的敲门声打断了瑞成的思绪，瑞琪这个家伙，行动总是快人一步。屋内没人回应。猛然间意识到情况不对，瑞成冲上去一脚踹开房门，浓重的煤气味扑面而来。屋内墙角煤炉的炉火刚刚熄灭，躺在床上的母亲面色潮红、口吐白沫，已经不省人事。顾不了许多，兄弟俩把母亲背出来直奔医院。

两天后，母亲醒了。瑞成姐弟长舒了一口气。清醒后的母亲很自责。要不是半夜觉得太冷，将煤炉拿进屋内取暖又忘了拿出来造成这般后果，瑞成又怎么会错失报到的时间呢？一切都好像命中注定，现在说什么都为时已晚。

第二章　青出于蓝

为继承和发扬传统民间艺术，北京工艺美术研究所进行了招工，这给王瑞成带来了人生最大的转折，虽然他当时并未意识到——毕竟他是抱着养家糊口的想法去应试的。机会总是垂青于有准备的人，扎实的绘画基本功让他被顺利录取。一旦人们自觉地去做某件事情，他的成就和原来就不可同日而语。如同孙悟空从为获得自由到自觉地担负起取经重任一样，王瑞成的思想也有了根本的转变，由最初养家糊口的目标变成对艺术的狂热追求。在内画大师叶晓峰和叶菶祺的指导下，王瑞成开始在艺术的天空自由飞翔，“宝剑锋从磨砺出，梅花香自苦寒来”，刻苦的练习让他的内画造诣日臻化境。在这里，他得到朱德委员长的鼓励，同时为了表示师承内画大师叶仲三，王瑞成改名为王习三。

创新是进步的灵魂，王习三的创新能力得到了充分展现。在画猫名家曹克家等人的指点下，他突破了“叶派”原有内画内容的樊篱，并有了多项发明。在技艺进步的同时，王习三也收获着他的爱情——与李汀兰（化名）之间的默契爱情让生活充满甜蜜，也让旁人羡慕不已。但是，随着“文化大革命”的开展，为了不连累自己的爱人，这一段感情悄然随风而逝。山雨欲来风满楼，王习三动荡的命运即将开始。

第一节　走进工艺美术研究所

瑞成不用走了，他又开始了找工作的日子。有人说“山重水复疑无路，柳暗花明又一村”，也有人说“当上帝关上一扇门时，他一定会打开一扇窗”，瑞成可从来不这么认为，直到他发现了北京工艺美术研究所招收学徒工启事的那一天。

研究所招工的考试对于自幼苦练书画的王瑞成来说十分简单。一幅白描山水的自由画，一幅白瓷水杯的素描，使瑞成在 300 多名报考者中脱颖而出。1958 年 2 月的一天，王瑞成来到北京市工艺美术研究所报到。从这一天起，王瑞成迈进了职业艺术生涯的大门。

所长杨明圃亲自接待了王瑞成和另外两名被录取者。杨明圃 50 多岁，热情又实在，说话直来直去，没

1958 年在北京工艺美术研究所合影。
最后一排右起第一个戴帽子的是王习三。

什么客套，一见面就把所里的基本情况和瑞成他们的工作任务详细说了一遍。不听还真不知道，原来北京工艺美术研究所汇集了当时北京工艺美术行业的顶尖人才，如当时玉器行当的潘秉衡（玉器四怪之首），象牙业的杨士惠、杨士忠，花丝镶嵌业的毕尚宾、翟德寿、张广和，刻瓷业的陈智光，面塑业的郎绍安（面人郎），绒鸟业的夏文富，木刻业的高从理，皮影业的路景达等等，当然还有王瑞成今后的师傅内画大师叶晓峰和叶搴祺——尽管现在瑞成对这个决定了他一生命运的安排还一无所知。研究所的成员和现状让瑞成等三人目瞪口呆，这么多大师在这里工作，那我们来能做什么？看着三人疑惑又敬畏的表情，杨明圃不禁得意地笑出声来。下边是让他们知道该做什么的时候了。杨明圃咳了两声，严肃起来，郑重地告诉瑞成三人，他们的任务就是继承和发扬祖国传统民间艺术。杨明圃接着解释说，由于近百年来中国饱经战乱，不少身怀绝技的老艺术家弃业改行，另谋生路。新中国成立不久，政府为了保护民族艺术，首先在北京把健在的老艺术家聘请到工艺美术研究所，给他们提供优厚的待遇和优越的创作环境；同时，为使他们的技艺得以继承和发展，还要给他们配备素质较佳的弟子，在学艺的同时照顾他们的生活。而瑞成三人就是千挑万选出来的“精英”。杨明圃语重心长的话让瑞成突然感觉重任在肩，神圣而光荣。

自从进了研究所，瑞成重新找到了生活的希望——有了工作就有了收入，母亲可以不用那么操劳了。只要自己努力，姐姐的嫁妆、弟弟的学费都会有着落的。更难得的，这是一项和艺术密切相关的工作，总算没有枉费父亲多年来培育自己的心血，可以告慰他老人家的在天之灵了。

第二节 第三次拜师

一个星期之后，下午临下班的时间，研究所宣布了瑞成三人的去向。焦春苗跟着路景达学皮影，钱荣成跟着郎绍安学面人，王瑞成则要拜叶晓峰和叶蓁祺为师学习内画。

叶晓峰，叶蓁祺，叶晓峰，叶蓁祺……回家的这一路上，瑞成的脑海里只有这两个人的名字了。一进门，瑞成直奔他那张大画桌。画桌上的鼻烟壶是瑞成此刻最想见到的东西。瑞成还清楚地记得7年前天坛那个内画艺人送鼻烟壶给他的情景，只是自己后来只顾跟王青芳老师学画画，再也没到天坛的市场去看看，也不知道那个内画艺人现在还在不在了，想想也很是惦记他的。记得那位艺人开玩笑似地对自己说，如果想要学内画，就一定要找好老师，像叶晓峰、叶蓁祺那样的，那可是内画业的泰山北斗。想不到当初的玩笑话，明天就要变成真的了。瑞成捧着小小的鼻烟壶，痴痴地想着。

昏暗的油灯下，瑞成一家人围坐在一起，虽是粗茶淡饭，但久违的笑容又慢慢回到了他们的脸上——瑞成的工作和未来的两位师傅成了一家人饭桌上的谈话核心。瑞成详尽地把他在研究所所看到的、听到的统统讲了出来，并不时地回答瑞琪提出的各种千奇百怪的问题。不知不觉中饭吃完了，姐姐已经在收拾碗筷了。母亲拉着瑞成继续问东问西。瑞琪则无所事事地在屋里溜达。姐姐白了瑞琪一眼，强烈要求弟弟来和自己一起刷碗。瑞琪非常不满为什么每次姐姐干活都要拉个垫背的，而且这个人一定会是自己。瑞琪的嘴撅得很高，又撇了一撇，转过身来偷偷地问母亲是不是姐姐出嫁了以后家里的活都得自己干，满脸的委屈让母亲和瑞成莞尔。母亲肯定的答复使瑞琪彻底“绝望”，作为最后的反抗，瑞琪抱住姐姐“大哭”，并要求姐姐最后在家的日子里要尽到做老大的责任，要勇于承担，要尊老爱幼，最重要的是要放他一马。反抗的结果以姐姐对瑞琪的追打而告终。母亲和瑞成边看边笑，不管日子怎么苦，一家人在一起就是幸福快乐的。但王家人都知道，他们一家人在一起的时间也不会太长了，春天的时候姐姐就要搬到她自己的新家去了。姐夫是很好的一个人，谦和有礼、温文尔雅，还有一份相当体面的工作，但他从来没有嫌弃过王家的出身，这让瑞成和母亲非常欣慰。

墙上的钟走到8点的时候，瑞成突然想要出去一趟。跟母亲告别，穿好衣服，王瑞成走在北京深冬的夜晚。他要去找杨明圃——了解师傅和他们所从事的行业的基本状况应该是拜师之前必备的功课，做不好这一点瑞成是不会安心的。杨明圃在研究所这么多年，他一定会知道得很清楚。

杨明圃家里没有什么人，常年扎根在研究所里。所里的值班表虽然写的是不同人的名字，但值班的人好像没怎么变过。所以找杨明圃直接到研究所的值班室就行。

瑞成一边想一边走，抬头间已经到了研究所的大门口。杨明圃似乎早就在等待王瑞成的到来。不等瑞成说明来意，杨明圃已然将他所知道的关于内画鼻烟壶和叶家的情况托盘而出。

19世纪以来，在我国的手工艺品中，鼻烟壶是最受国外艺术鉴赏家们宠爱的。有一种说法认为，西洋的鼻烟是明万历九年由意大利传教士利玛窦传入中国的。也有人认为，鼻烟与鼻烟壶传入中国最早见诸文字记录的，是在清雍正三年。但不管怎样，吸鼻烟的嗜好已在清代朝野上下盛行，甚至出现了“人人相见递烟壶”的习俗。“消寒辟疫信无疑，争羡收藏器皿奇。一样皇城买两样，郎瓶火齐妾玻璃。”这首诗生动地反映了一种情景：那时人们相信鼻烟有提神活血、辟疫避寒之妙，于是竞相收藏奇巧的鼻烟壶，到皇城根买烟壶也要男式、女式各买一件。据说鼻烟壶的流传与皇帝的倡导有关。清圣祖玄烨就极好鼻烟壶，在他的倡导下，于康熙三十五年（1696）设立了玻璃工厂，这是我国创办的第一个玻璃工厂，专门制造鼻烟壶，赏赐给王公近臣以及外国使臣们。鼻烟壶便成为王公贵族、八旗子弟夸耀财富、身份、等级的一种象征。到了乾隆年间，鼻烟壶的制作更臻于精妙，制作材料已由料器、瓷器发展到象牙、琥珀、珊瑚、玛瑙、翡翠、水晶、竹根、雕漆等。清咸丰年间泰州人康发祥写的《鼻烟歌》中写道："或入滇南采翡翠，或翻沧海探珊瑚。或倩巧匠剔髹漆，或涂秘色烧宣炉。方圆奇巧无不有，有时依样画葫芦。……凤凰鸾鹤鹳雀凫，麒麟狮象蛟龙鱼。仙山楼阁烟云嘘，泉石卉木蛙蜢俱。"另一首诗中说："银晶壶配珊瑚盖，时式剜成水上漂。"诗中指的是将水晶石中膛掏空，壶壁很薄很薄，能够在水上漂起来，可算是一种"绝活"。清乾隆时期内画壶的诞生，更使鼻烟壶的工艺达到了精美绝伦的水平。所谓内画壶系用弯曲的竹签特制成勾笔，蘸上颜色，绘画于磨砂的内壁上。清末，内画艺术最具代表性的人物就是"四大内画艺术名家"——叶仲三、周乐元、马少宣和丁二仲。其中，叶仲三以传统人物见长，"聊斋"、"红楼梦"、"钟馗"、"婴戏"都是他拿手的题材，是当时少有的人物画家。为了迎合收藏者所需，叶仲三也画过"山水"、"花鸟"和"博古"等画题，但多为仿周乐元画法之作。叶仲三内画的人物线描古拙雄浑、色彩对比强烈，人物头脸始终用“柳叶眉、杏核眼、樱桃小口一点点”的手法，尤其是眼和口的表现极有特色，作品具有鲜明的艺术特色和强烈的穿透力。叶仲三生有五子，长子叶荃祯、次子叶荃祉、三子叶荃禧、四子叶荃祺、五子叶荃祐。其中次子叶荃祉最能全面继承家风、功底最为深厚，最得叶仲三真传，所以叶仲三把希望寄托在次子身上，可惜叶荃祉却因病在33岁时英年早逝，这使叶仲三悲痛至极，终日抑郁寡欢地盘腿坐在床上，全神贯注地作画以慰哀思。此后继承大业的重任自然落在叶荃禧（晓峰）和叶荃祺的肩上。而叶荃祐因年纪尚小正在读书，以后又逢战乱故未能学艺。在新中国成立前，叶晓峰一直严格遵循叶仲三的传统技法和题材作内画，署名皆以“叶仲三”贯之。而叶荃祺从不画人物题材，他以完全脱胎于周乐元技法的“馒头皴法”，专攻山水和色彩艳丽的花鸟类，也形成了自己内画的独特风格。可以说署名叶晓峰和叶荃祺的内画壶都是1953年两位艺术家到研究所以后的独立冠名作品……

杨明圃滔滔不绝，抑扬顿挫、声情并茂，恍惚间瑞成好像在听说书先生讲述那神秘、沧桑的古老传奇……事实证明，王瑞成今晚所做的一切对他即将到来的拜师之事起了十分重要的作用。

1958年2月28日的拜师礼有着一个并不美妙的开头。研究所副所长赵俊琪带着王瑞成来到一个不起眼的简陋工作室，里边两位老人正在埋头作画。对于副所长和瑞成的到来，这两位老者均不以为意，甚至连头都没抬一下，专注的眼神一直随着手中的笔在烟壶上游走。副所长往前走了两步，欲言又止，好像在等待这两位老人家停下来。趁此空当，瑞成站在副所长身后偷偷地打量起自己的师傅们。年纪稍大的应该是叶晓峰，坐在他旁边的就是叶蓁祺了。叶晓峰头发有些斑白，表情平和却又严肃，衣着朴素整洁，外表看起来和一般的老艺人没有什么区别。叶蓁祺看起来比叶晓峰和蔼一些。他的衣着同样朴素，却沾满了各种颜料，想来这位老人家可能比较随便、不拘小节。瑞成正想着，叶晓峰的手已经停了下来，但眼睛依然没有离开手中的烟壶。副所长抓住机会赶忙向叶晓峰兄弟介绍王瑞成。叶晓峰没有抬头，也没有说话，只是长长地“嗯”了一声。叶蓁祺更是一点反应也没有。这样的场面多少让副所长觉得有些尴尬，瑞成更是手足无措，脸都有些红了。不管怎样，机会难得，先拜师再说。瑞成“扑通”一声跪在地上，恭恭敬敬地磕了三个响头，喊了一声师傅。叶晓峰还是没有抬头，也没让瑞成起来，但是他说话了：“我叶家内画绝活，还没传过外姓人呢！”话说得不冷不淡，却让瑞成心头一颤。一时之间瑞成脑海里一片空白，不知道说什么好了。副所长尴尬地笑了两声，忙打圆场。瑞成优秀的考试成绩和突出的书画功底在这时成了副所长的救命稻草，他如实地将瑞成的种种长处向两位叶师傅做了说明，并一再保证他这次给两位师傅挑的徒弟绝对不会像以前的那两个一样。领导难当啊，自从叶家兄弟响应政府号召提出要收一个外姓弟子以后，所里已经给两位叶师傅换了两个徒弟了，可哪个也没能让这两位脾气古怪倔强的老人满意。也难怪今天两位老人表现得如此冷漠，他们好像对选徒弟这样的事已经失去信心了。幸好今天副所长早有准备，在介绍完瑞成的基本情况之后，还特别将瑞成考试时的两幅作品拿给叶晓峰和叶菶祺看。叶氏兄弟终于放下手中的烟壶，拿着瑞成的画看起来。白描山水，白瓷水杯，越是简单越能看出一个人的功底。叶菶祺和叶晓峰互相对视了一眼，又看看还跪在地下的瑞成，随手将瑞成的画卷了卷交还副所长。工作室寂静无声，瑞成都能听到自己的心跳声了。叶晓峰“嗯”了一声，算是对瑞成基本功的肯定。所长提着的心刚放下，却又听见叶菶祺说话了：“内画和外画可不一样，外画画得好不一定内画就行。再说了，年轻人，你知道什么叫内画吗？”“知道！”瑞成不假思索的话一出口，叶晓峰和叶菶祺就用满是怀疑的眼神紧盯着瑞成，这让瑞成心里一阵紧张。定了定神，瑞成将小时候与鼻烟壶之缘、还有昨天在杨明圃那听来的有关内画和叶氏家族的事一口气全都讲了出来。室内又是一阵沉寂。叶晓峰和叶菶祺依然没有言语上的交流，只是互相看了一眼。片刻之后，叶晓峰让瑞成站起来，然后告诉他明天来上班。这一刻，瑞成有些恍惚。走出工作室之后，瑞成还是觉得自己在做梦。“梦”醒之后，瑞成兴奋得一夜无眠。

第三节　学徒生活

全新的开始。

瑞成来得很早。两位师傅到工作室的时候，瑞成已经把屋里打扫得干干净净了，还泡好了两杯热茶。即便杨明圃没有反复交代过这些工作，瑞成也会这样做的。能拜这两位为师是瑞成莫大的荣幸，并且一直以来瑞成都格外尊重他的每一位老师，从刘玉才到王青芳，始终如一。尤其在失去父亲之后，瑞成更加珍惜身边所有的人，更何况师徒如父子呢？瑞成已将两位师傅视为自己的亲人了。

瑞成的勤快、懂事让叶晓峰和叶菶祺十分满意，毕竟，表面功夫和用心做事是可以分辨出来的，这让瑞成的学习有了一个好的开始。接下来，叶晓峰和叶蓁祺要给瑞成制订一套完美的学习计划，而这个计划制订的过程却让瑞成有点哭笑不得。理论的讲解是必需的，在这一点上两位老师很快达成了共识，并做出了分工。在之后实践教学环节，问题出现了——叶晓峰主张瑞成先画内画再学做壶，叶蓁祺则完全相反，他要求瑞成先学做壶再画内画，而两个人坚持各自意见的原因竟然是一样的，那就是他们开始学艺的时候就是这样做的。为了证明自己的正确性，叶晓峰和叶蓁祺开始了马拉松式的论辩，并且全情投入以致完全忘记了瑞成的存在。这样的局面是瑞成始料未及的，一时之间瑞成不知如何是好。就这样忐忑地在一旁站着听叶氏兄弟相互辩驳一段时间之后，瑞成突然觉得这两位老师傅真是十分有趣，好像小孩子斗气一样。早就听杨明圃说过这兄弟俩的脾气迥然不同，从小就合不来，还多亏叶仲三老先生因材施教，在传授技艺时特意把一种工艺的几道工序分别教授，才能使得他们增强团结，相互合作。但技术归技术，脾气归脾气啊，叶仲三老先生恐怕无论如何也想不到当初自己一个还颇为得意的决定，成了今天兄弟俩争执的焦点——这一点是瑞成从两位师傅的对话里听出来的。想来应该是初学之时叶晓峰从画入手，叶蓁祺则从壶入手。如此教授的原因应该归结于两人的性格。叶晓峰内敛沉稳、细致入微，是画内画所需的特质，叶䓪祺耐心稍差故需通过繁琐的做壶工序来培养磨炼。听出门道来的王瑞成不再为师傅们的争吵而担心，看看时间已近正午，瑞成悄悄地拎着饭盒走出工作室。帮师傅们打饭也是瑞成的工作。

研究所的食堂离内画工作室不远，伙食也不错。瑞成很细心，打饭的时候还特别问了大师傅叶家兄弟在吃饭上的喜好，这一幕正巧被李汀兰见到，她也是来打饭的。李汀兰是瑞成在研究所最早认识的同事，她比瑞成早来两年，是学做花丝首饰的。汀兰是个有着书卷气质的女孩子，清秀灵动，她的典雅温婉常常让瑞成想起中山公园水榭里的兰花。汀兰，不就是水边的兰花吗？瑞成上班第一天的感受自然是两个人谈论的话题。想到自己的师傅可能还在工作室里继续争论，瑞成不禁笑着对李汀兰形容自己的两位老师很可爱，自己的拜师和学习过程很戏剧。这样的说法无疑引发了李汀兰的好奇，她追问瑞成整个过程的来龙去脉，可瑞成只告诉她以后有时间再说。是啊，当务之急还是先回去看看两位师傅吧。

如果不是瑞成端着饭回来开门时的声音太大，叶晓峰和叶䓪祺还没有意识到屋里早就少了一个人。看见瑞成买饭回来，兄弟俩终于停止了争论。眼看就要陷入僵局，瑞成连忙插话请两位师傅趁热吃饭。碍着徒弟的面子，两位孩子脾气的老先生在饭后和解了。最终的协议是，瑞成上午画画，下午做壶，两件事同时进行。

现在是下午了，所以从做壶开始。当然，做之前是必要的讲解。其实瑞成从一开始就想问，自己是来学画壶的，为什么要做壶，只是因为两位师傅的“讨论”而一直没找到合适的机会，这会儿是解决这个问题的时候了。然而还没等瑞成开口，叶菶祺就已经给出了答案，看来这个问题是入门的第一课。

内画鼻烟壶对质地、壶壁、笔、颜色的要求均极为严格。能够用于制作内画鼻烟壶的原材料，以玻璃为主，此外还有水晶、茶晶、琥珀以及浅色、透明度较好的玛瑙等。而磨制成一件造型完美、薄厚匀称的鼻烟壶，要经过选料、设计、开料、整形、打眼、扩膛、掏肩、揉细、抛光、内壁磨砂等十道工序。这其中，由于材料质地不同，每一道工序的要求也不尽相同，而这直接影响着画内画时的笔法、技巧以及效果。这其间的微妙差别不是靠老师讲解传授就可以掌握的，而是要在不断的制作实践过程中逐渐去体会和感觉的。因此，要想成为一个成功的内画大师，首先就要先做一个好的技工。

消除了心中这个疑问，瑞成很快就进入到角色当中。在以后的每一个日子里，在每一次细细地打磨烟壶的时候，瑞成总会觉得自己越来越喜欢上了这种有着传奇历史的小玩意儿，甚至感觉自己已经触摸到了它的灵魂——尽管在大多数人的眼中它们不过是一个个冷冰冰的没有生命的小瓶子。

按照叶晓峰和叶葦祺的安排，瑞成也在进行着内画的练习。虽然有着深厚的书画根底，但内画的难度还是出乎瑞成的意料。在数不清勾勾画画又涂涂抹抹了多少次之后，瑞成没有画出自己满意的作品，却总结出了画内画的四大难处：其一，内画是在小口大肚的容器内作画，而要通过口径不足5毫米的壶口在烟壶内壁画出细如毫发、生动传神的精美之作，必须要凝神屏气，仅靠手指的细微运作来完成，稍有不慎，差之分毫则失之千里。其二，内画操作是要正面观看反面作画，如果切开鼻烟壶再看内画，不仅与外看截然相反，而且绘画程序与外画有所不同。其三，为了使透明的鼻烟壶内壁着色牢固和观看时两面绘画互不干扰艺术效果，内画之前必须要先把内壁做磨砂处理，这使细如针尖的勾笔伸到壶内看不到笔锋，几乎处于盲画。要画出一件精美绝伦的艺术品，一要有千锤百炼的功夫，二要靠望风扑影的判断力，才能精确地画出所要求的效果。其四，在着色时，勾在晶体上的线条不像在纸、绢上那样牢固，稍有不慎，湿润的颜色就会把线条蹭坏，这样线描的流畅就遭到破坏，从而影响艺术的完美。所以，内画在着色时恰当地控制色的浓度以及适度运用力度也是难于外画的。

瑞成沮丧地把自己总结的“四大难”讲给师傅们听，叶晓峰和叶菶祺竟然默契地同时大笑起来。说起来，这难得一见的默契还要感谢瑞成。自从王瑞成来了之后，叶晓峰和叶菶祺之间虽也经常为了一些小事争吵不断，但跟之前相比已经好得太多了。毕竟，当师傅的总要徒弟劝架怎么也说不过去，所以所长常说瑞成就是二人之间的润滑剂。两位师傅对瑞成的感情也越来越深。瑞成每天打扫、泡茶、打饭样样不落，使得两位老人深受感动。此刻，看着爱徒沮丧的神情，师傅们笑得似乎有些莫名其妙。其实，师傅心里最清楚，只有善于思考的人才会总结，都已经找到了产生问题的原因，难道解决问题还会远吗？瑞成也只是发发牢骚而已，他是不会轻易放弃自己钟爱的艺术的。在两位老师的耐心指导下，又经过了数不清的勾勾画画、涂涂抹抹，终于，王瑞成在壶里画出了山水画，尽管画得不很美，但毕竟有了良好的开端，更重要的是，对这个开端，师傅们也很满意。

师傅们的肯定对瑞成来说既是莫大的鼓励，也是一种潜在的压力。作为叶氏鼻烟壶的第一个外姓传人，瑞成所追求的是尽善尽美的极致，只有这样才能不辜负师傅们的信任和教导。为此，瑞成付出了比常人更为艰苦的努力。当其他人为一点点小进步沾沾自喜的时候，瑞成依然在勤奋地学习。研究所里，瑞成是公认的最早上班、最晚下班的那个人。白天，除了在工作室跟随师傅们学习，瑞成还要挤时间到资料室里研读各种绘画专著。晚上，瑞成常常彻夜待在工作室里，不几天，他“打夜作”的习字稿、写生稿、临摹稿就堆成一摞。

师傅们常常说，一位成熟的内画家应该具备扎实的外画功底，内、外画皆能。虽说内画有着与外画的种种不同，但在一些本质问题上，二者还是一脉相承的。比如，内画和传统中国画的创作过程是一样的。创作一幅完美的内画作品，首先要根据壶坯的造型选择合适的题材，在纸上设计构图，然后再开始在壶中进行绘制、勾线、皴染、上色、配景、落款、用章等过程，这和外画的创作是完全一致的。而传统中国画法所讲究的气韵生动、骨法用笔、应物象形、随类赋彩、经营位置、传移摹写等基本原则对内画艺术的创作也同样十分重要。瑞成对师傅们的这些教诲谨记在心，因此到北京各大名胜去写生和临摹就成了瑞成节假日生活的主要内容。故宫、天坛、颐和园，他画过一幅又一幅美丽的图画；北海、长城、圆明园，留下他一次又一次的足迹；在香山上静坐，和秀山翠峰“相看两不厌”；在昆明湖畔徜徉，和碧水清漪低语。王瑞成用恋人般的狂热，去和他钟情的艺术拥抱。

故宫的绘画馆是瑞成每个星期日上午必去的地方，这里展出的一幅幅古老名画都是瑞成临摹的对象。通常情况下，只要绘画馆里的管理员一打开门，第一个冲进去的肯定是王瑞成。锁定目标，选好位置，打开画夹，瑞成就开始了他这一天的练习。瑞成和他的画夹常常成为这个绘画馆里一道独特的风景，来来往往的游客都会好奇地走上前去看上两眼，但这丝毫不会影响到瑞成的节奏，对于心无旁骛的瑞成来说，他的眼中只有画。偶尔有些执著的游客会一直站在瑞成身边安静地看他作画，也许他们是想看看这个年轻人是否能把这些传世名作临摹得惟妙惟肖，但没有一个人可以等到瑞成完整地完成一幅作品。瑞成太认真了，看着、想着、画着，每一幅画下来，他都要在这里站上一整天。在这一整天里，时刻都在瑞成身边的只有这里的管理员。画馆里的管理员全都认识王瑞成，尽管大家不知道他的名字，但他们都知道这样一个怪人——这个人不明来历、不知疲倦、不作交流；这个人中午只吃一块从旧书包里掏出来的硬邦邦的烧饼，吃的时候眼睛没有一刻从画面上移开，嘴巴却常常忘了咀嚼；这个人直到夕阳在琉璃瓦的屋檐上落尽最后一抹余晖，才会恋恋不舍地离开画馆。

对绘画艺术的潜心研究使瑞成的眼界越来越开阔，领悟能力也越来越强。与此相应的，在内画的学习上，瑞成也有了质的飞跃。在对“叶派”绘画的特点、要领透彻掌握之后，瑞成画起鼻烟壶来已是挥洒自如。师傅的倾囊相授加上自己的不懈努力，瑞成终于渐得“叶派”真传，内画造诣日臻化境。

不知不觉中，王瑞成来研究所学习工作已经多半年了。在这些平凡琐碎的日子里，瑞成的姐姐出嫁了，弟弟懂事了，母亲也显得老了。瑞成用他在这里挣到的工资给母亲买过药，给姐姐添过嫁妆，给弟弟交过学费——尽管瑞成的钱不多，每月只有15元的工资。在这些琐碎平凡的日子里，杨明圃依然谈笑风生，叶氏兄弟仍旧有些古板，王瑞成、焦春苗和钱荣城成了朋友。

第四节　和朱老总的见面

研究所里大杨树的叶子黄了，秋风一吹，满地灿灿。

这一天，研究所接到了参加北京市工交展览会的邀请。领导决定让叶晓峰带上瑞成一起去，一来好让瑞成见见世面，二来也是告诉大家他叶家的内画终于有传人了。瑞成知道后十分兴奋，因为据说在这样水平的展览会上可以见识到很多名家的珍品，这可是瑞成梦寐以求的。然而兴奋过后，瑞成又有一点担心了。在这样的展览上势必要进行现场表演，如果是的话，那自己应该画些什么呢？瑞成去征求两位师傅的意见，可师傅们让瑞成自己拿主意。这下瑞成吃不下、睡不着了，一连几天瑞成都埋头在资料室里翻看各种资料以找寻灵感，但可惜始终一无所获。眼看着展览会的日子马上就要到了，瑞成心急如焚。

这些天来瑞成的焦急母亲全都看在眼里，只是这种事是谁也帮不上忙的。晚饭之后，瑞成又陷入了沉思。母亲悄悄地替瑞成关上房门，祈祷他能尽快解决这个问题。瑞琪却在这个时候凑了上来，他要找瑞成帮忙。老师留下的作业是背课文，他需要瑞成帮他检查背诵的效果。瑞琪的要求遭到了母亲的拒绝，她不想在这个时候去打扰瑞成。瑞琪十分委屈，母亲认识的字有限，姐姐出嫁了，除了瑞成他还能找谁呢？母子之间的争吵将瑞成从沉思中拉回现实。瑞成开门让瑞琪进来，功课也是很要紧的嘛。瑞琪冲着母亲做了一个鬼脸，一步跳进屋内，将课本交给瑞成就大声地背诵起来：

> 屈原既放，游于江潭，行吟泽畔，颜色憔悴，形容枯槁。渔父见而问之曰：“子非三闾大夫欤！何故至于斯？”屈原曰：“举世皆浊我独清，众人

皆醉我独醒，是以见放。”渔父曰：“圣人不凝滞于物，而能与世推移。世人皆浊，何不淈其泥而扬其波？众人皆醉，何不餔其糟而歠其釃？何故深思高举，自令放为？”屈原曰：“吾闻之，新沐者必弹冠，新浴者必振衣；安能以身之察察，受物之汶汶者乎？宁赴湘流，葬于江鱼之腹中。安能以皓皓之白，而蒙世俗之尘埃乎！”渔父莞尔而笑，鼓枻而去，乃歌曰：“沧浪之水清兮，可以濯吾缨；沧浪之水浊兮，可以濯吾足。”遂去，不复与言。

瑞琪背诵得相当流畅，瑞成却更是兴奋。秋风飒飒，江水渺渺，屈原举目苍天，悲凄、忧思、愤怒盈于他那憔悴枯槁的脸，这不正是瑞成苦苦寻找的画面吗？瑞琪对瑞成的喜形于色感到有些迷茫，不知道什么原因让自己的好哥哥高兴成这样……

第二天瑞成将自己一夜未睡打好的底稿交给两位师傅过目，叶晓峰和叶菶祺均对瑞成用这幅作品去参加工交展览会上的演示表示赞同，并给这幅画起名为《屈子行吟图》。当然，作为师傅，叶晓峰和叶菶祺也指出，如果瑞成想要将这幅画完成得更加出色，就要进一步去研习屈原的经历和他所有的作品，因为只有“凝其神”才能具有真正的表现力和感染力。

王瑞成自然不会放过这个千载难逢的机会，于是接下来的几天，屈原成了瑞成工作的唯一。孟子有云“颂其诗，读其书，不知其人，可乎？是以论其世也……”圣人的教诲可不是随便说说的，精研屈原的过程中瑞成真正懂得了“知人论世”的道理。每看一次屈原的经历，每读一遍屈子的作品，瑞成对这个伟大爱国诗人的无限敬意都会从心底油然而生，而他笔下屈原的形象也一次比一次更加传神。

终于到了参加展览会的这一天，叶晓峰和王瑞成全都聚精会神地在画各自的作品。他们的表演吸引了很多参观者，鬼斧神工的精湛技艺使得参观者们交口称赞。突然，人群中一阵骚动，尽管在此之前师徒二人尽量对周围的喧哗充耳不闻专心作画，但此刻人群中的异样却使他们不得不停下笔来。内画讲究的最是专心，稍一分神笔下就会谬以千里。被打扰的师徒抬起头来四处张望，想要看看到底发生了什么事情。

就在这时，有人大声喊道“朱德同志来了”，随即一个高大魁梧的身影走入他们的视线。黝黑的面孔、厚朴的嘴唇、深刻的皱纹和长锋似的浓眉无不显示着宽和忍让、纯朴谦逊。叶晓峰和瑞成赶忙站起和朱德委员长打招呼。朱德含笑和他们师徒握手之后，随手就拿起瑞成还没有画完的《屈子行吟图》仔细端详起来。朱老总的这个举动着实让瑞成很紧张，师傅就在身旁，万一出了丑可怎么跟师傅们交代？看到朱老总对瑞成的作品十分感兴趣，叶晓峰便走上前来介绍这幅作品的作者、构思还有技法等一些问题。朱德手中把玩着烟壶，一边听一边点头，并不时地和师徒俩交谈着什么。

朱德：“这是你带的徒弟啊？”

叶晓峰：“是啊，他学的时间不长，才半年多。学习挺用功，现在基本上能出成活了。”

朱德：“你今年多大岁数啦？爱不爱这行啊？”

王瑞成：“20 岁了，爱这行！”

朱德：“这幅屈子图画的不错呀！”

王瑞成：“是叶老师指导着我画的。”

朱德：“这孩子师承观念还挺强嘛！好哇！画得很有风骨。屈原的表情很有神采，再题几句诗就比较好啦！”

叶晓峰：“委员长，他书法不错，可用到内画上，但功力还欠点。”

朱德：“嗯，青年人学习要戒骄戒躁，要学习学习再学习，要青出于蓝而胜于蓝！是不是这样啊，叶师傅？”

叶晓峰：“有状元徒弟，没状元师傅，现在学习条件这么好，青年人也聪明，我相信他一定会超过我的……”

朱德：“噢？叶师傅，你徒弟这么有出息，不怕将来他砸你饭碗？”

叶晓峰：“委员长真会开玩笑，教会徒弟，饿死师傅，那是旧话。新社会啦！还是共产党用正眼看我们这五行八作的艺人。这是我头一个家族以外的异姓徒弟。”

朱德：“哈哈哈……”

我们可以肯定，许多年之后这个经典的瞬间仍然会定格在很多人的记忆里，但我们也相信这其中的绝大部分人可能已经记不清当时叶晓峰和朱德之间谈话的具体内容，唯有王瑞成，他记得其中的每一字每一句。也正因为太用心，以致王瑞成都改了自己的名字。

从展览会回来之后，朱德委员长的话语时刻萦绕在王瑞成的耳边，“学习学习再学习”也成了王瑞成的口头禅。叶晓峰和叶奉祺十分欣慰，因为对于一个年轻人来说能够戒骄戒躁，并时刻保持一种学习的谦虚态度实属不易，能收得这样一个徒弟也算是对叶家祖传的手艺有个好的交代了。闲暇休息之时，两位曾经不吵不欢的师傅现在更乐于坐下来一起回忆旧时学艺的时光，并时常有意无意地将瑞成和他们年轻时的自己做个比较。而瑞成呢，总是静静地在一旁，一边继续手中的工作，一边微笑着听师傅们讲述那些他陌生又有点熟悉的过往，师傅的师傅，师傅的兄弟，师傅的家庭，师傅的生活。听着听着，瑞成猛然心中一动，一个突如其来的想法就此出现在脑海中，久久挥之不去。

一天，两天，三天……王瑞成整日若有所思的神情被两位师傅瞧在眼里。在叶晓峰和叶菶祺的追问之下，瑞成鼓足勇气将这几天一直考虑的一件事儿讲了出来。瑞成要给自己起个艺名，名字就叫王习三。看到叶晓峰和叶菶祺面面相觑，一脸的疑惑，瑞成连忙解释，取名习三既有朱德委员长学习学习再学习的教诲，也有承业祖师爷叶仲三的含义。恍然大悟的师傅们显然有些激动。原先只道瑞成有天赋、够勤奋，而现在眼见得他如此仁义而知饮水思源，叶氏兄弟眼睛湿润了，两位老人除了不停地点头表示赞同之外，一句话也说不出来。从这一天开始，内画业就有了王习三这个名字。

北京的冬天又冷又漫长，好在，终于闻到春天的气息了。王习三抬头看看还有些雾气蒙蒙的天，浅浅的蓝色，湿漉漉的，温柔纯净。谁说春雨连绵使人愁呢，深深地吸一口气，泥土的芳香和小草的清新是多么让人心旷神怡！王习三缓缓地走在琉璃厂大街上，左顾右盼。王习三最近比较痴迷于书法，北京大大小小的古书店中总能看到他的身影。其实，自从去年展览会时被师傅指出书法功底不够扎实后，王习三就开始加强了书法的练习，而找寻名家真迹也成了他画画之余的另一爱好。王习三来过琉璃厂很多次了，每一次都会有或多或少的收获。就像此刻，王习三就正为眼前的一本《颜鲁公三表真迹》而欣喜。当然，欣喜的代价是昂贵的，这本书花了王习三 5 元钱。当王习三小心翼翼、如获至宝般把这本书捧回家的时候，母亲无奈地叹了一口气，她知道留给儿子买衣服的钱又没了。

第五节　师徒之间的争执

王习三和他的师傅们起了争执。这可是研究所里的人都想不到的，这其中也包括叶晓峰、叶菶祺和王习三本人。争执的缘因虽并不复杂，可还得从头说起。

在叶晓峰和叶菶祺的指导下，王习三在内画上的技艺进步神速，仅仅一年多的时间，王习三已经将叶派内画的精髓学习、运用到了炉火纯青的境界。然而，这对于胸怀大志、锐意进取的王习三来说只是一个开始。王习三始终深信任何一门古老艺术的传承和发展都离不开创新，而他对内画的创新是从题材上开始的。

自王习三接触绘画以来，他跟王青芳学花鸟、学山水，跟叶晓峰、叶菶祺学人物，他全部学到家，甚至青出于蓝，可唯独没有真正的学过画动物。当然，王习三不是画不了，因为对于任何一个画家来说，学会了技法就没有画不了的东西，只是王习三总是觉得自己用传统国画的方法画出来的动物虽有神韵却少形似，比如烟壶中传统的虎的形象，线条就十分硬朗，没有质感。而其实，现实中的很多动物是很可爱的，比如猫吧，毛茸茸的，画好的话一定非常漂亮。王习三已经在纸上练习过无数次了，但始终不能满意。王习三迷恋上画猫的事情也被师傅们知道了。对此，师傅们明确表示反对。

习三十分理解师傅们的心情，老一辈艺人尤其是家族式的艺人对传统和门派持有保守的观念，这是十分正常的。一门手艺能够形成一个流派就说明它的技艺一定有过人之处，而这也正是本门艺人引以为傲的资本。对于叶派内画来说，它最善于表现的是一些传统的人物故事，如“聊斋”、“红楼梦”等，王习三在展览会上所作的《屈子行吟图》正是属于这一类。而且在老一辈艺人看来，“猫”就等同于人们常说的“洋毛子”，这样的话烟壶的国外销售恐怕会受到影响。

对于师傅们的担心，王习三曾百般解释，并强调创新也是为了将内画艺术发扬光大，但思想保守的两位师傅就是铁了心不同意他改变叶派内画的传统题材。没办法，王习三只好在家自己偷偷练习，而如何继续说服师傅们也成了王习三的心病。

这天中午，满怀心事的王习三照旧去给师傅们打饭，路上正碰上往回走的李汀兰。李汀兰跟王习三打了个招呼，却没见习三回应。王习三想事情想得太投入了。眼见王习三眉头紧锁、脚步迟缓，李汀兰不禁跟了上去。这个人总是能吸引汀兰的目光。李汀兰的突然出现吓了王习三一跳，缓了一下神儿，王习三朝李汀兰笑了笑，算是打过招呼。王习三继续走，李汀兰一直跟着，并不说话。王习三有些奇怪，停下来问李汀兰是不是有什么事，没想到李汀兰反倒追问起王习三在想什么想得这么入神。王习三沉吟片刻，便将他与师傅之间的事儿和自己内心的苦闷一五一十地告诉了李汀兰。很多年后，每当王习三想起这件事儿的时候都会觉得不可思议。自己和师傅之间的争执，王习三从没有告诉过任何人，包括自己的家人，却在一瞬间就告诉了当时和自己并不是特别熟识的李汀兰，就好像他预先知道李汀兰会给他一个答案似的。也许，这就叫作天意。还是回到眼下。李汀兰看看一脸沮丧的王习三，忍不住一声长叹。王习三这才意识到他的烦恼给李汀兰带来了困扰，不好意思地苦笑了一下，转身离去。没走多远，李汀兰又追了上来，并有点狡黠地告诉王习三她想到了一个好办法。看着李汀兰湖水般清澈的眸子和脸上盈盈的笑意，王习三感到有些迷茫。但在听过李汀兰的话之后，王习三开始对眼前这位女子刮目相看。这真的是一个不错的办法。

下班之后，王习三找到了杨士惠。

提起杨士惠，在工艺美术界可谓无人不知。杨士惠，字润生，当代雕刻艺术家。北京市人。12 岁开始学木雕，14 岁改学象牙雕刻。1923 年，随祖父杨启元和著名牙雕艺人曹斌、刘得良等学艺，1929 年独立工作。新中国成立后，曾得到名画家徐悲鸿指教，牙雕艺术日益精进。他把牙雕立体人物试加风带，部分施以彩画，成为独具特色的牙雕艺术品。《白菜蝈蝈》便是杨士惠的早期名作，后不断被仿制，成为北京象牙雕刻的名牌产品。1952 年，杨士惠创作的《颐和园》被作为国家礼品赠给德意志民主共和国皮克总统。而他在 1954 年创作的《北海全景》，也在 1958 年毛泽东主席参加苏联共产党成立四十周年庆祝活动时作为党中央礼品赠给苏共中央。

这个杨士惠，正是王习三两位师傅的好朋友。出于对各自艺术成就的由衷钦佩，惺惺相惜的三位老人家平日里经常在一起喝酒聊天。李汀兰一语惊醒梦中人，现在能在师傅身边说得上话的也只有杨老师傅了。杨士惠一直都对勤奋好学的王习三青睐有加，这次听说了他的来意，杨师傅欣然应允做一次说客。当然，杨士惠深知，要想说服“固执”的叶氏兄弟，光靠自己嘴巴说说还是不行的，他还需要王习三拿出真本事——能拿得出手的猫壶。这可让王习三犯了难，不是他不用心，而是实在找不到好的方法。王习三无助的样子让杨士惠决定帮人帮到底，他向王习三推荐了画猫的名家曹克家。

第六节　夜雨访名师

夜已经深了，曹克家在书房内踱着步子，时不时朝窗外张望。窗外，暴雨如注。这样的天气，王习三应该不会来了吧？曹克家暗自思量。杨士惠前两天说有个叫王习三的青年人想请教有关画猫的问题，自己就定了个时间，可这日子选得真是不怎么样。曹克家摇摇头，走到画桌前准备铺纸作画。此时，在大雨中一路跌跌撞撞的王习三，终于找到了曹先生的家。

敲门声使曹克家放下手中的画笔，打开门，一个陌生的面孔出现在眼前。年轻人很有礼貌地向曹先生问好，并自报家门说是杨士惠介绍来的王习三。曹克家连忙将王习三让进屋里，习三则不好意思地在原地来回挪动着脚步——虽然有雨衣，但他的衣服全都湿透了，雨水顺着衣服滴滴答答地流下来，地上湿了一小片。曹克家见状，忙又替习三取下雨衣，拿来毛巾。他看得出来，深秋的寒雨已经让这个年轻人吃了不少苦头，可这对王习三来说似乎并不重要，因为在习三对他说“谢谢”的时候，他发现他的眼神是那么坚毅、那么执著。

一走进曹克家的书房，王习三觉得自己的眼睛不够用了。墙上的、桌上的猫儿是那么多，那么可爱，它们或观风、或观鸟、或闻声、或对峙、或捉虫，眼中好奇、窥视、惊疑、紧张、自在的诸般神情俱是丝丝入微，正是自己想象中的那样。惊喜过后，王习三定了定神，开始诚恳地向曹先生请教。曹克家非常热情，虽然和王习三才刚刚相识，但他对这个年轻人格外喜爱。曹克家展开他多年积累的画稿，详细地向王习三讲解动物皮毛与骨肉之间的关系，更是毫不保留地将他多年来独创的技巧全部传授给了王习三。

曹克家告诉王习三，自古画工笔鸟兽的皮毛都是一笔一画而组成，无论是宋元画花鸟的徐崇嗣、宋徽宗，还是画走兽的赵子昂、明代的明宣宗、清代的朗世宁，都是用细笔一根一根画成。而他认为这种根根见肉的工笔传统画法，只适合画大型的飞禽走兽，若是运用到一尺左右的家猫身上，则很难体现皮毛的柔软。于是经过自己的苦心钻研，他将原本用于山水的破笔撕毛、层层加色的画法用于画猫，所绘之猫的毛色便浓淡相间，层次丰富多变，富有逼真的质感，终开一代画风。他开创的撕毛法画猫，讲究的是每笔上下左右衔接，每一笔都从上一笔中画出来，下边笔画的起笔压着上面笔画的住笔，由浅而深地把颜色画上去。这样的笔法如同苏绣里的“抢针”。不再是前人所绘花鸟猛禽中的“根根见肉”，而是“肉出根根”。

当然，一幅画作要想尽善尽美，只是在技法上努力是无法做到无懈可击的。要有收放自如、高雅清逸的气韵，就必须在观察上下苦功。猫之活泼精灵、人见人爱，猫之动、静皆取决于眼睛，因为猫的精神完全贯注在双眼之中。即使是画猫的背影，也要意识到其目光的内在存在，考虑猫注视着哪里。“眼睛的好坏决定全猫”。因此无论画什么颜色的猫眼，都考虑到瞳孔迎光处因光而异的细微变化。猫眼晶莹通透，有如“水里一样”。

除猫画得精致及有神韵外，作品作为一个整体还要注重在补景方面的讲究。猫的配景最好只限于园林的景，不用山水的景。像齐白石、陈半丁、王雪涛等大家所画猫的补景，皆是动静益彰、疏密有致、主次得宜。这些补景，无论一藤一花，抑或一草一木，都极尽工笔之能事，这能使猫和配景形成一个完美的整体。

曹先生细致入微的讲解使王习三大开眼界，他的平易谦和更使王习三由衷地敬仰。王习三没有想到，曾经师从陈师曾、王梦白、齐白石、陈半丁等名家的绘画大师会是这样一位慈祥的老者。

从曹先生家出来，雨已经停了。从这天之后，王习三成了曹家的常客，并经常把曹克家的画作拿回家临摹。当然，按照事情发展的正常逻辑，王习三最终成了曹克家的学生。

第七节　他山之石，可以攻玉

师从曹克家无疑在很大程度上提升了王习三的画猫技巧，但这并不意味着王习三的内画创新之路从此就一帆风顺。很快的，王习三发现了新的问题：在壶上画猫的感觉无论如何不像在纸上画得那么舒服，尤其是曹克家独创的“撕毛法”，一碰到光滑硬朗的烟壶内壁就再也看不到毛茸茸的质感了，难道烟壶就注定只能画出纯线条式的图案吗？问题究竟出在哪儿？王习三的目光定格到了他每天都在用的内画笔上。

王习三研究过，内画艺术因流派风格不同，所用的绘画工具也就不尽相同。对叶派而言，柳木笔和竹笔是绘画的基本工具。柳木笔是叶派自创的一种画笔，将柳木削成前端带钩的木棍，用钩尖蘸上颜料探到壶内作画。拇指、食指、中指握笔，无名指和小指贴在壶上固定手位，笔在壶内停走轻重全凭三个手指拿捏分寸。这种笔软但线条清晰，尤其适合画树叶。叶派的内画鼻烟壶最主要的特点就是树叶的画法。所有的树叶都是点画上去的。点画树叶的时候，三个手指一用力笔就弯了，笔尖碰到壶的内壁就松手让笔弹离。所以叶派的树叶画得别具一格。其他的画派画不出这样的效果。关键在于用的笔不一样。只有叶派的人用柳木笔作画。竹笔，形状和柳木笔一样，区别在于硬度要强一些，笔尖的弯度更大一些。作画的时候，用竹笔勾出的墨线，线条硬朗清晰。为了保证笔头尖细，往往画一两笔就要用刀削一下笔尖。

王习三认为，柳木笔和竹笔的运用对叶派传统的人物、山水等要求线条的题材来说可谓锦上添花，但对画猫等强调茸毛质感的动物来说就是英雄无用武之地了。

结伴

反而，同叶派齐名的鲁派的画笔似乎更适合用来进行自己的创新——“鲁派”将柳枝或竹枝弯钩后缠上狼毫或羊毫，为内画精细创作开辟了便利条件，毫笔又像毛笔，所以可以用来进行“撕毛”，同时毫笔的上色也要比柳木笔柔和得多。

他山之石，可以攻玉。深思熟虑后的王习三信心满满地将“鲁派”画笔嫁接到叶派内画上，再运用曹克家所传授的“撕毛法”，终于画出了水灵灵的猫眼儿和毛茸茸的质感。

第八节　《猫蝶图》

王习三发现最近师傅们对画猫的态度有了转变，他们甚至主动提出王习三可以在工作室里画猫壶了。王习三明白，一定是杨士惠的话说进了师傅们的心里，自己真得好好去谢谢他。

一个阳光明媚的午后，王习三将自己在家画的习作小心翼翼地交到叶晓峰和叶蓁祺的手中，心里忐忑不安。虽说师傅们同意自己的创新了，但不知当他们看到这不是叶家画法的猫壶时会作何感想。叶晓峰和叶蓁祺拿着习三的习作翻来覆去仔细地看着，沉默良久，然后把壶还给习三。王习三一动不动等着老师说话，却只见二老不停地摇头叹气。习三的心一下就凉了下来，难道自己的努力全都白费了？正在王习三犹疑之际，师傅们终于说话了。叶晓峰语重心长，说自己和叶蓁祺真的老了，长江后浪推前浪，一代新人换旧人，王习三的想法果真行得通并且做得非常好，有这样一

猫蝶图

个徒弟他非常欣慰。习三听得这话，忍不住鼻子一酸差点掉下泪来。他理解师傅们此刻的心情。叶摹祺拍拍习三的肩膀，很认真地说他还可以做得更好。……工作室里，师徒三人不再说话，看着窗外灿烂的阳光，他们各自想着各自的心事。

有了师傅们的支持和鼓励，王习三的干劲更足了，他要画出一个猫壶的精品。

不久之后，当王习三把一个题名为《猫蝶图》的烟壶拿给师傅们看时，叶晓峰和叶摹祺激动得连拿壶的手都有些颤抖，小猫和落在尾巴上的蝴蝶嬉戏的逗人情景，是那么的形象自然、妙趣横生。两位师傅当即决定把王习三的这幅作品推荐给研究所的领导，让它代表研究所去参加即将在香港举办的工艺商品展览会。接下来事情的进展非常顺利，就像师傅们预料的那样，王习三的《猫蝶图》震惊了香港工艺美术界。香港的工艺品商会刊物《工艺与美术》在评论中写道：“中国在解放后，内画有了发展和提高，成绩突出的有北京的王习三，他的内画很全面，笔法比清末高出一筹。”国际著名工艺美术收藏家、评论家许谟士（Hugh Moss）先生更是直言王习三的作品代表了内画艺术的飞跃，他打破了内画艺术沉闷的局面，为这门古老的工艺美术注入了青春的活力。随着《猫蝶图》被外商高价买走，王习三在一夜之间名扬四海，他的作品也成了海外收藏家们刮目相待的艺术品了。

鉴于王习三在不到两年的学艺时间内所取得的突出成就，再加上由《猫蝶图》所带来的商家同研究所签订的两年的供货合同，研究所专门为王习三开了一次庆功大会。鲜花和掌声一时之间充盈于王习三的周围。

表彰会结束，王习三把身上披戴的红花献给了叶晓峰和叶奉祺，师徒三人紧紧地搂在一起，旁边的杨士惠和李汀兰笑容灿烂。

这天晚上，王习三又来到了曹先生的家中。一进门，王习三就向曹克家深深地鞠了一躬，还没等曹克家反应过来，王习三已经把大红的荣誉证书送到了曹先生的手中。曹克家笑了，哈哈大笑，他拍着王习三的肩膀使劲点头却说不出话来。是啊，这个时候应该说些什么呢，一切祝贺的话都是多余的。看看王习三消瘦的脸庞就知道，他为了这个作品付出了多少，曹克家甚至都可以想象王习三挑灯夜战、废寝忘食的样子，所以不需祝贺，不需鼓励，一切都是他应得的。

《猫蝶图》之后，王习三又陆续创作了不少以猫为主题的烟壶，这些猫壶令收藏家们爱不释手。收藏家鲍伯·史蒂文斯（Bob C. Stevens）曾对王习三的作品《狸奴》有过这样的评价："那猫的神态是那样的专注，它似乎要从烟壶里跳出来似的。"

第九节　太平庄里的青春岁月

1961年，北京工艺美术研究所由缸瓦市搬到了北太平庄。太平庄这个名字让王习三十分着迷。的确，对于王习三这样一个总被某些人视为反革命家庭出身的人来说，面对当时极左思潮的统治，面对各种政治运动一浪高过一浪的形势，他最大的愿望莫过于能够有一个世外桃源般的好环境来安心进行艺术创作，而"太平庄"正是一个寓意着美好希望的吉利名字。因此，伴随着研究所的搬迁，王习三作品中的落款也由"王习三作于京师"改为了"王习三作于太平庄"。虽然，太平庄的太平在1966年"文化大革命"一开始的时候就被打破了，但在此之前，王习三总算是过了一段轻松愉快的日子。

画猫成功之后，王习三继续着他对传统叶派内画题材的改进和创新。只要他能够想到的，他都愿意试一试。王习三在洗脸的盆里养起了活虾，又买来几缸名贵的金鱼，抱回家一只漂亮的小狗儿，摆满一窗台水灵灵的花卉，他天天苦苦地捕捉它们每一丝细微的变化。这种静观默察的范围，后来一步步地扩大，婀娜的柳枝“风乍起”时是什么样，“山雨欲来”时又是什么样；伶俐的紫燕静立枝头时是什么样，展翅欲飞那一瞬间又是什么样，他都细细揣摸。车水马龙的长安街上经常见到他，步行时左顾右盼。龙钟老者、天真学童、娇俏少

1961年，王瑞成（习三）跟随师傅创作。

女、川流的人群，他都仔细观看，有时还掏出笔来画上两笔。常常看得回家时走过了自己熟悉的家门，上班时又走过了工艺美术研究所那幽静的庭院。

细心的人们发现，最近在王习三观察各种事物的时候，他的身边多了一个人，这个人就是李汀兰。没有人猜度他们之间的关系，他们看起来是如此的般配。只要是熟悉他们的人都确信，是对艺术的热爱使他们走到了一起。王习三曾经在心底里深深地感谢过李汀兰，因为她帮他解决了艺术创新道路上的难题。李汀兰也由衷地倾慕王习三，因为他的每一件作品都能打动人心。现在，这些曾经都已成为他们之间真挚情感的最好铺垫。

甜蜜的感情往往是事业发展最好的推动剂，这在王习三身上非常明显地表现了出来。仅在1961至1964年这四年中，王习三就取得了很多成绩：

1961年，王习三研究成功“电动串膛机”，革新了内画烟壶的内膛磨砂工艺。

1963年，王习三配合叶晓峰和叶奉祺两位师傅制作“料胎画珐琅”，并先后改革成功“油彩勾线”技法和炭炉烧活吊具。

1964年，王习三创作出《霸王别姬》，1994年这幅内画作品在香港苏富比拍卖行以24万港币成交，创下现代内画艺术品高价记录。

说起王习三的《霸王别姬》，就不得不提到他和一位英国收藏家之间的故事。英国鼻烟壶协会主席许谟士是一位狂热的鼻烟壶收藏者，他收藏了很多名家的精心之作，这其中他最钟爱的就是出自于王习三之手的作品。只不过在摩斯的想象中，王习三应该是一位有着数十年从艺经验的老者，因为王习三的作品是如此的精致细腻。1964 年，摩斯有机会来到中国，并怀着激动不已的心情到北京工艺美术研究所参观。一进内画鼻烟壶的工艺车间，许谟士就左顾右盼寻找王习三的踪迹，可看来看去也没有一个人和多年以来他脑海中的影像重叠。许谟士有些意兴阑珊，随手摆弄着陈列在眼前的烟壶。《霸王别姬》就在这个时候出现在许谟士的面前。传统的中国题材、极具表现张力的京剧化人物造型、笔力遒劲的《垓下歌》，一见之下许谟士就知道这是一件不可多得的艺术精品。更让许谟士惊喜的是壶的落款上赫然写着王习三的名字。许谟士马上拿着这个烟壶扭头问身旁的陪同人员王习三是否还在这里。正在作画的叶晓峰听见有人找徒弟就寻声站了起来——叶师傅要告诉许谟士王习三刚巧有事出去，一会儿就回——可不曾想许谟士已然上前紧紧地握住了他的手，显然，叶师傅的年纪很符合许谟士之前的想象。面对许谟士的热情，叶晓峰有些不知所措。不一会儿王习三回来了，叶师傅赶忙把王习三拉过来，满脸骄傲地介绍自己的得意门生。许谟士的热情瞬时被惊异所代替。西方人表示惊异的方式总会使传统的中国人觉得夸张，生性内敛的王习三现在只能想到用微笑来招呼这位远道而来的自己的崇拜者。不过王习三可能没想到微笑的力量有时候会大得惊人——回过神来的许谟士竟然一把把王习三抱了起来，引来现场的人们一阵欢呼。激动至极的摩斯抱着王习三一直重复着这样一句话："没想到你这么年轻，就能取得如此高超的技艺！"最后，许谟士还不忘热情地邀请王习三这位"杰出的人才"到英国去参观他的收藏。

同样是在1964年，王习三也因其杰出的技艺而受到了一位非洲国家元首的赞誉。当时，刘少奇主席偕夫人王光美陪同一位非洲国家元首参观北京工艺美术厂，这位元首走马观花地浏览了玉雕、牙雕、景泰蓝、首饰等十几个工艺美术车间后，驻足在了内画工艺车间。看见元首对内画产生了浓厚的兴趣，翻译立刻走上前来，很专业地介绍了内画的起源、发展流派和工艺技法。元首对内画工艺技法的问题追问再三，尽管翻译已经非常明确地讲解了很多遍，但元首依旧执拗地摇头，无论如何他不相信这样精美的内画是靠人手工画出来的。按照元首的说法，深入学习过绘画的他坚信内画是只有曝光显影技术才能做得出来。元首的认真出乎在场所有人的预料，大家都看出来了，不让这位元首亲自体验一下内画的制作他是不会罢休的。于是，王光美同志让王习三找出两件尚未绘画的烟壶，一起和元首画一下。大家屏息凝神，只见元首手执勾笔，像射击一样闭上一只眼睛，用另一只眼睛聚精会神地看准壶口把笔伸到壶内，结果，不经意间一条黑线已经涂在壶壁上。元首愕然放下壶和笔，再看看身边的王习三已然神态自若地勾勒出一朵牡丹的轮廓。元首不禁伸出大拇指称赞道："不可思议！真了不起！"

王习三在短短几年间取得的成就和受到的赞誉是很多人梦寐以求的。那时经常有人会问王习三，成功的秘诀到底在哪里？王习三却只告诉他们以下的话：每件产品，从设计到绘画都要一丝不苟，力求精益求精，宁肯不领超额奖也要把质量关，因为我们要为国家、为社会主义、为顾客、为历史评价着想。

第十节　多情自古伤离别

美好的青春岁月总是匆匆而过。1965 年的北京，山雨欲来。

如果不是发现身边越来越多的人指指点点，如果不是满街的红色弥漫双眼，如果不是瑞琪总是被别人打得鼻青脸肿，王习三已经不太记得自己的家庭出身了，而如今这个痛苦的事实又一次摆在面前。现在，除了更加小心翼翼地工作之外，王习三没有别的什么办法来逃脱命运的捉弄了，故而在最初的忧惧之后，王习三变得比以往任何时候都更加坦然。但唯一让王习三放心不下的，就是李汀兰。

王习三清楚，自己的出身在越来越深入的政治斗争中意味着什么，自己身边的所有人都有可能受到牵连，而汀兰是个好姑娘。

一连几天，李汀兰都发现王习三找各种理由躲着她，这让汀兰心里很不安，她不知道自己做错了什么，还是发生了什么事。尽管觉得有点不好意思，李汀兰还是在一天晚上来到了王习三的家，她要问个清楚。

给汀兰开门的是王习三的母亲。虽然以前从没见过，但母亲还是立时从汀兰清秀的面容上想到了儿子不止一次提到过的那位姑娘。母亲十分热情，一边招呼着汀兰，一边喊着习三的名字。比王习三走出来更早、或者更准确地说应该是跑出来更早的是王瑞琪，他朝汀兰一直嘻嘻地笑着直到哥哥把汀兰拉进书房。

王习三的书房里，李汀兰好奇地四下张望。王习三帮汀兰倒了一杯水，淡淡地问她来做什么。汀兰不太满意王习三的态度和问话，可还没等她说话，王习三已经下了逐客令——如果没有什么事，赶紧回家吧，太晚了，不安全。李汀兰显然没想到王习三会如此冷淡，脸涨得通红，本想发作，又强忍了下来。不能白来，该问的一定要问清楚。王习三根本没有打算认真地回答汀兰的问题，只是敷衍说因为太忙没有时间，说完就走到画桌旁继续作画。汀兰跟上去追问，眼光却落到了王习三的画上。王习三画的是《洛神》。“翩若惊鸿，宛若游龙，荣曜秋菊，华茂春松。仿佛兮若轻云之蔽月，飘飘兮若流风之回雪。远而望之，皎若太阳升朝霞；迫而察之，灼若芙蕖出绿波。秾纤得衷，修短合度，肩若削成，腰如约素。延颈秀项，皓质呈露，芳泽无加，铅华弗御。……”“太美了！”看着王习三的画，汀兰不禁脱口而出。他画得太像了，尤其是洛神的眼神，缥渺、迷茫而又忧伤。汀兰看得入神，已经忘了自己的问话，却开口向王习三要起画来。王习三沉思片刻，提笔在画上写了几行字：“恨人神之道殊兮，怨盛年之莫当，抗罗袂以掩涕兮，泪流襟之浪浪。悼良会之永绝兮，哀一逝而异乡。”然后他将画送给了李汀兰。

李汀兰走了。几天之后，她终于明白了画上那几行题字的含义，因为，王习三再也没找过她。其实，汀兰冰雪聪明，明白王习三的苦衷只是早晚的问题。然而，李汀兰的放弃却总让人不解，毕竟她曾经是那样珍惜他们之间的情意。李汀兰不在乎别人怎么看，她只要王习三安心，她不想王习三因为她而内疚一辈子。

母亲问王习三这么好的姑娘不后悔吗，王习三回答这是他能为汀兰做得最好的一件事了。

多情自古伤离别，更那堪冷落清秋节。

第三章　逆风飞扬

覆巢之下，岂有完卵？在“文革”充满暴力和破坏性的洪流中，“出身有问题”的王习三岂能独安？被遣返还乡的王习三陷入了艰难困苦之中。时穷节乃现，在这种情况下，这个朴实的汉子想到的不是自己如何“改造”以减轻责罚，而是如何通过自己的技艺使穷苦的乡亲能够富裕起来。正在“文革”轰轰烈烈进行时刻，他冒着巨大的风险，在老家先开创了内画副业，而后又兴办了图钉厂等副业，带领着乡亲们吃饱了饭。随着“文革”的深入，社会秩序严重混乱，他遭受了残酷的迫害，精神和肉体都遭受了巨大的创伤和折磨。劳动人民是最无私的，在这种情况下，乡亲们给了他最大的帮助和保护，他也有了支持和爱护自己的妻子。为了发扬内画事业，他培养了王百川等弟子和一大批内画人才。

在平反之后，为了报答乡亲们的恩情，王习三毅然舍弃了回京津的机会，留在了衡水开办内画厂，从此冀派内画开始形成。

第一节　遣返回乡

1966年秋。

北京的风已经十分凉了，甚至有点刺骨。在这肃杀的季节里，遮天的五星红旗、漫天的标语和震天的口号仿佛让古老的北京城不停地悸动。“文化大革命”开始了。这一切让有些人兴奋到双目血红，一些人却陷入无边的黑暗和恐慌。

终于有一天，一群凶神恶煞般的“红卫兵”突然冲进了王习三的家。随着接连不断的玻璃破碎声和兴奋的高声叫喊，所有的一切都改变了。王瑞琪抱着母亲躲在屋角里瑟瑟发抖。天要塌下来了，难道父亲的噩运还要遗传到他们的头上？8月24日，背着“坚持反动立场的黑五类子女”、“走白专道路的典型”罪名的王习三，带着惊恐的母亲和弟弟，在红卫兵的押解下被遣返回原籍——河北省阜城县砖门公社杨庄大队接受劳动改造。

出了北京城，王习三长出了一口气，虽然不知道前面的路怎么样，但是他感觉至少离危险远了一点。短短的几个月时间，北京和北京附近已经连续发生了几起针对“黑五类”的红色恐怖事件，年过半百的母亲几乎惶惶不可终日。离开北京，至少能安全点，至少老家还有几房远亲，可以照应一下。虽然一切都没有了，不管怎么样，为了年迈的母亲和年幼的弟弟，自己一定要坚强地活下去！

最初的日子，王习三遇到了前所未有的艰难，最大的问题就是吃不饱饭。阜城县位于衡水地区东北部，西汉时汉高祖始置阜城县。据说因为地势高，多土冈，又取《尚书》“阜成于民”而得名。然而，当时的阜城县穷得叮当响，王习三的老家杨庄更是交通不便的穷乡僻壤。乡亲们干一天农活，只能得到八分钱的工分，一年挣扎到头，很难吃到几顿饱饭。60 余户的小村，竟有 30 多个光棍。一天到晚看到和听到的，都是“人民公社好”、“社会主义是天堂，人民公社是桥梁”，但实际的情况却是几乎所有的人都吃不饱饭！习三的本家、村革委会主任一番意味深长的话解开了他的困惑。当 1962 年党中央“三自一包、四大自由”[①]的政策开始施行，农村经济很快就搞活了，经历过三年自然灾害、挣扎在饿死边缘的中国人，开始吃饱了，到了 1964 年和 1965 年，经济快速发展。然而 1966 年，突然开始对“三自一包、四大自

---

① 即自负盈亏、自由市场、自留地和包产到户；土地租佃和买卖自由，借贷自由，贸易自由。

由”进行批判，全国农民懵了。公社和生产队重新实行“大锅饭”政策，干多干少一个样，地里缺水少肥，再加上管理不善，到了秋收的时候，每亩地粮食产量竟然由几百斤下降到一百多斤甚至几十斤！王习三从小在北京长大，仅11岁时回过一次老家，对干农活是一窍不通。每天，当别人早早把活干完，在树荫里抽烟的时候，他却汗流浃背地在后面奋力追赶。不少后生看到他这样子，就会哈哈大笑，引得长辈们也忍俊不禁。时常有好心的乡亲帮他一把，然而即使是这样，农活的生疏也常常使他比别人挣的工分要少很多。晚上，浑身酸痛的王习三睡不着觉，外面蛐蛐的叫声格外响亮。

慢慢的，农活一件件熟悉起来，他的心情也慢慢开朗起来。但是，家里仍是经常揭不开锅。看着朴实淳厚的乡亲们生活如此困苦，和自己一样忍饥挨饿，王习三心里不是滋味。直到有一天，堂兄家的小儿子饿急了，一个人去水沟里捉泥鳅，结果失足落水，多亏乡亲相救才脱离危险，王习三忍不住跑到村外的小树林里痛哭失声。难道自己就这样看着乡亲们穷困下去吗？难道自己苦心磨炼的技艺就这样被湮没吗？不，宁可被批斗，我也要用自己的双手造福乡亲！半夜，王习三偷偷爬起来，手慢慢伸进炕洞，拿出一个粗布包，一层层打开，月光下三个晶莹的壶坯放着柔润的光芒，这是他离开北京时带出来的唯一的东西。点亮昏暗的油灯，他用小刀把一支扫帚枝削成细细的竹扦，然后慢慢窝成弯勾笔，用写大字报的残墨汁，把三个壶坯作为开创农村副业的试验田……

第二节　曙光初现

当三个烟壶完成的时候，王习三鼓足勇气，敲开了村革委会主任的家门。老主任虽然不知道王习三在国际上的名气，但还是挺喜欢这个踏实而勤奋的小伙儿。几句简单的寒暄之后，王习三说明了来意，他想帮村里干点副业，去北京联系内画鼻烟壶业务。老主任却皱起了眉头。自从1966年毛主席“工人以工为主，农民以农为主，农林牧副渔要全面发展”的五七指示发表以后，队里确实想搞副业，但是却几次没有成功，浪费了不少钱，反给贫困的村里雪上加霜。这样的一个小壶就值几十块钱？相当于几个家庭一年的年收入？老主任从来没有见过这东西，当然更不会相信。为了说服老主任，王习三只好把三个壶拿出来认真给老主任讲解，又把堂兄请来担保，写下字据，如果赚钱了，归生产队所有，如果亏钱了，路费等一切开支从王习三的安家费里出。尽管仍是将信将疑，但被王习三这种执著和无私的精神感动了，老主任还是给习三开了介绍信，对他放了行。

年底农活不忙的时候，王习三踏上了北去的列车。在飞驰的火车上，王习三陷入了沉思。学艺的艰辛、务农的劳累、家乡的贫困，一幕幕全都涌上他的心头，这么熟悉而又那么遥远。这时，坐在对面的乘客好像刚去厕所回来，准备坐下的时候，火车突然一转弯，巨大的惯性使他一脚重重地踩在了王习三的脚上。看着王习三龇牙咧嘴的表情，他对王习三点了点头，抱歉地笑了笑。他可不知道这一脚下去，改变了也成就了这位艺术大师的一生。王习三也对他客气地点点头。这个朴实的小伙子引起了对面乘客的好感，两个人随即攀谈了起来。那个人是天津工艺品进出口公司的业务员，姓姜，经常在河北省区域内活动。当他知道王习三想去北京联系鼻烟壶业务的时候，大吃了一惊。他好心地劝告王习三放弃这个念头，因为现在北京所有艺术品厂家都停产闹革命，外贸部门也因艺术品戴着“封资修的东西”的帽子而停止了对其的一切收购，如果去北京被人发现了，不但鼻烟壶被没收，可能人也会被抓起来。王习三出了一身冷汗，自己还是“黑五类子女”，如果真的去了北京，可能后果不堪设想。那就这么回去吗，对老主任和村里人如何交代？看到王习三犯难的样子，老姜告诉他，想销售鼻烟壶，只能走出口的路子，而且还得冒着极大的政治风险，一旦被发现就是一条极大的罪状。而出口也只能去天津找公司，因为只有天津的口岸才负责河北的出口业务。如果真的下了决心，自己悄悄地去他们公司就可以。王习三再三道谢。

下了火车，天已经晚了，还飘起了雪花。根据老姜的指点，王习三找到了天津工艺品进出口公司，可人家已经下班了。王习三把手绢掏出来，数了一下，还剩下8毛钱，他找了个餐馆，花五分钱买了一碗汤面，又喝了一碗面汤，从书包里拿出一个凉窝头啃了。不知道联系业务的事情怎么样，还是先节省一点吧。晚上，他找了个桥洞，把破旧的棉袄裹了又裹。呼啸的北风不时地卷起白雪，洒落到他的身上，王习三就这样时睡时醒地过了一夜。

第二天一大早，王习三就赶到了进出口公司。当王习三把三个小壶拿出来摆在柜台上时，营业员立刻就被吸引了。已经很长时间没有看到过如此精致的内画了！虽然没有更多的墨彩，但是仅有黑白两种颜色的内画已经非常精美。熊猫憨态可掬，兰竹优雅秀气，山水清新自然，个个都是上乘之作。营业员用疑惑的眼神瞅着眼前的年轻人，仔细地盘问了一下。王习三不敢说实话，谎称是村里一位从小在北京学艺的60多岁的老人画的，他腿脚不好，让自己来跑路。营业员见没有什么破绽，就收下了三个鼻烟壶。当时公司里还没有对个人发包的经历，但由于这几幅内画水平确实很高，经过请示，公司特批给王习三30个壶坯子，让他拿回家继续让那“老头儿”画。

王习三心里格外激动，一年多了，曾以为自己会就此埋没下去，但是没想到自己的技艺竟然还能发挥作用，王习三阴霾的天空迎来了第一缕阳光。

为了尽快完成这来之不易的第一批订单，王习三没有回村，而是暂住到天津一个亲戚家中，开始了他熟悉和热爱的鼻烟壶创作。亲戚的房子不大，但仍给王习三腾出了一间屋子。尽管房间狭小，但至少有电灯，至少有地方可以买笔和彩墨，至少没有人打扰，王习三如同离水的鱼儿重新回到大海里，自由地遨游起来。他把自己关到小屋，一天天聚精会神地画。他忘记了白天和黑夜，忘记了吃饭和睡觉，忘记了自己受到的种种委屈和不幸。他好像一下子又回到了和师傅学艺的时光，回到了艺术的海洋。平日一个小壶王习三需要画上三四天，可这次30个壶他20天就完成了。当他把小壶拿去给公司时，营业员被惊呆了。虽然在这里工作了十多年，经常和一些名家打交道，但这样精美的内画、高超的技艺几乎是从未见过！营业员一再问起那个“老头儿”的名字，王习三只好支支吾吾地说，他叫“王瑞峰”。

第一批高质量的作品打响了名堂，王习三马上就收到了第二批订单。不想再麻烦亲戚的王习三，找了个便宜的小旅馆住下来。连续的磨炼，使王习三原本有些生疏的双手又灵活了起来；静心的钻研，也使他的作画技法又上了一个新台阶。

第二批货交付以后，王习三接到的订单越来越多。这时的习三猛然意识到，自己总是驻扎在天津作画也不是长久之计，如果想把这项副业坚持不懈地做下去，就一定得有一间固定的工作室。因此，两个月以后，王习三带着几十个壶坯和大量的颜料连夜赶回了家。

王习三回到村里，浑身都是干劲，他画得更卖力了。村革委会听他说画鼻烟壶确实赚钱，特地把村委会的房腾出来三间，并把老式木格纸窗换成明亮的玻璃窗。王习三平时就在屋里作画，农忙时就下田务农，所以他给画室起了个名字——“半农斋”。王习三终于用技艺和智慧为自己争取到了人生的第一个转机。

几个月后，王习三又去天津工艺品进出口公司交鼻烟壶。一进门，就听有人喊：“大骗子来啦！”王习三大吃了一惊，难道自己被认了出来？自己还是戴着一堆“黑五类子女”的帽子，难道又要因“阴谋复辟封资修”被抓起来？一个自称张经理的人问：“你是不是王习

王习三在阜城农村搞创作。

三？”王习三赶紧低头坦白承认。心想这下完了，甭想再画了。岂料满屋哈哈大笑，有人大声说：“你干吗不早说，要知道你的那些壶少卖了多少钱呀？”原来，他们把鼻烟壶全都卖给了香港，价格非常便宜。一日在广交会上，有香港客商告诉他们说：“别看这壶没有署名，但它肯定是王习三的东西，别人画不了，你们把价格卖得太低了。但王习三是北京人呵，怎么跑你们天津去啦？”张经理这才恍然大悟。当王习三把不敢讲真名的原因讲出来时，大家都不由感慨万千。王习三临走时，张经理拉着他的手说：“习三，你就不要再担心了，公司给你特供壶坯，你只管敞开画，只要是你画出来的壶我们都要。为国家创汇支援社会主义建设比什么都强，我们支持你，你就放心大胆地干吧！”

转眼间一年过去了。年底，老主任从信贷社取来进出口公司汇来的卖烟壶的3972元钱，村里一下子轰动了——这一年十二批内画的收入相当于全村一年种粮的总收入。对于一天只挣八分钱的乡亲们来说，这笔钱无异于一个天文数字！人们从来没有想到，钱能够来得这么快，这么容易！村里用这笔钱打了两口机井，买了化肥，修了水利，相应的，第二年的粮食产量也翻了几番，乡亲们的生活好了很多。王习三也因此得到了乡亲们的爱戴和信任，没有人再把这个北京人看作村里的局外人，谁家有什么事不找老主任也得找王习三说说。而十里八村的人们也都开始说杨庄有一个从北京来的“财神爷”。

第三节　执子之手，与子偕老

1967年的春天，一位名叫陈淑英的女孩儿走进了王习三的生活。

同这里大多数的乡亲一样，陈淑英注意到王习三也是先从他的内画开始的。但是王习三已经完全记不起这个女孩儿是从什么时候开始出现在他身边的，他对这个女孩子有印象完全是因为陈淑英总有各种各样的问题问他。什么鼻烟壶是用来干什么的了，什么鼻烟壶是谁发明的啊，什么鼻烟壶是怎么做的，等等，回答这些问题对王习三来说当然不成问题。但偶尔这位姑娘的问话也让王习三无从招架、张口结舌，比如，为什么你还不结婚？

有时候王习三一想起这句问话就想笑，这个女孩子是大胆呢还是单纯？抑或纯粹是出于好奇？毕竟，在这个偏远的村庄，除了娶不上媳妇的，像王习三这样年近三十还没有成家的确实罕见。但是像陈淑英这样坦率直白的姑娘在那个年代好像也不怎么多见。

更让王习三想不到的事情还在后边。

一日傍晚，弟弟王瑞琪出完劳工回来，神秘兮兮地问哥哥是否看见母亲了，见王习三摇头，瑞琪嘿嘿地傻笑起来。王习三放下手中的活正要问个清楚，母亲从门外走了进来，脸上挂着许久未见的笑容。王习三更加疑惑，这年月，究竟有什么好消息可以让母亲这样高兴？

王习三的目光盯着母亲等待答案，等来的却是一个让他无所适从的消息。有人给王习三介绍对象了，女方正是陈淑英。王习三一时无语，又埋头继续作画。母亲见状，脸上的笑容渐渐退却，想了一想，她拉着有点愣神儿的瑞琪走了。知子莫若母，她知道王习三现在想什么。

手在继续，却已画不成样子，王习三不得不停了下来。这一定是一个不眠之夜。望着窗外满天的星斗，王习三心乱如麻。母亲适时地走进来，她知道儿子需要有人陪他说说话了。看见母亲，王习三张了张嘴，却又不知从何说起。母亲轻轻地抚摸着儿子的脸，只说了一句话："你心里的苦我懂，可是陈淑英和李汀兰不一样。"

这个夜晚，同样夜不成寐的还有陈淑英，因为和王习三的相亲是她一个姑娘家提出的，她必须要一个肯定的答复。

第二天，王习三答应母亲和陈淑英正式见面。虽然王习三并不情愿，母亲说的话王习三也还不太明白，但不管怎样，见一面也算了了母亲一个心愿吧。

月上柳梢头，人约黄昏后。王习三和陈淑英在最经典的恋爱情境下正式见面了，只是满心喜悦而来的陈淑英见到的却是紧锁双眉的王习三。

再尴尬的会面也要有人先开口，陈淑英直截了当地问王习三是不是对自己不满意。面对陈淑英的坦率，王习三也直言不讳道出自己的想法，他没有结婚的打算。原因很简单，他的出身和家里的状况与父母是教员、自己是公社信贷员的陈淑英实在不能相提并论，两个人在一起会连累她，最后他还很诚恳地向陈淑英道歉。王习三一口气说完，就等着陈淑英离开了，这样他也可以回家跟母亲交差了。可陈淑英总是出乎王习三的预料——她不仅没有走，反而笑了。陈淑英释然了，王习三的愁眉不是因为看不上自己。陈淑英的笑声让王习三心神不宁，但他仍然听见了陈淑英用从未有过的小声音说的一句话："与其曾经沧海难为水，不如怜取眼前人，有人甘愿为你担惊受怕、同舟共济。"说完，陈淑英头也不回地走了。

王习三站在原地，如在梦中。母亲说的对，陈淑英不是李汀兰。李汀兰是王习三在水榭旁见到的优雅兰花，隐忍高贵，她以孤独的方式成全她的所爱；陈淑英是生长在田间的向日葵，热烈执著，她会用她的热情融化王习三尘封已久的心。

1968 年夏末，王习三结束了他 30 年的单身生活，有了一个和美的家庭。

第四节　第一代弟子

炎炎夏日过后，萧瑟的秋天又如约而至。自千余年前宋玉悲秋之后，秋天总是带着浓重的感伤气息扑面而来。在王习三所经历过的三十个秋天里，除了和朱老总见面的那一次以外，几乎就再也没有温暖的记忆。可 1968 年的这个秋天，王习三有了新的收获。

“金属杆钩毛笔”是王习三的第一个收获。如前文所述，几百年来叶派内画一直用竹扦子窝成的弯钩笔，墨蘸多了线条画不细，蘸少了又画不长，画出的作品浑厚有余，纤细不足。尽管后来王习三在运用“撕毛法”画《猫蝶图》的时候，特别借鉴了“鲁派”的绘画工具——从狼毫毛笔上取几根毛贴在笔尖上，用细线缠好再用蜡封住。但问题也随之而来，因为这种笔往往粘不牢，笔头儿不稳，常会掉下去，弄污画面。尤其是遇到肩头过于死角的烟壶，操作就更加不便。自从发现这个问题，王习三就一直在寻找解决的方法，可惜却总是徒劳。然而，农村艰苦的劳动生活却给了王习三灵感。看着电工剪落的电线头王习三眼前一亮，用柔韧的金属取代原有的坚硬的木质笔杆，那笔不就可以随创作需要而任意弯曲了吗？金属杆钩毛笔，即后来闻名于世的“习三弯钩笔”就此诞生了。这种比鲁派笔更灵活、牢固、耐用的笔成为冀派内画的特征性工具，后来更发展成为整个内画行业的专用笔。

这个秋天，王习三的第二个收获就是收了王百川和陈润璞两个开山弟子。

王百川原名王自力，是王习三的堂侄，也是王习三的第一个徒弟。在“祖国山河一片红”这个特殊时期的中国农村，能有一个摆脱贫困的机会实属不易，因此王百川拜师王习三也就成了一件顺理成章、无可厚非的事情。虽说是第一个徒弟，但由于条件所限，王百川的拜师仪式非常简单。给王习三敬了一杯茶，叫了一声师傅，拜师仪式就算结束了。王习三对这个开门弟子十分喜爱，一点一滴极具耐心地将内画的种种讲与百川，如同当年的叶晓峰和叶蓁祺教导自己一般。只不过，当年的王习三有着良好的绘画功底，而现在的王百川却对绘画一窍不通。好在百川踏实肯学，悟性又好，再加上王习三的口传心授，百川从无到有，进步十分明显。王百川常常听王习三讲，艺术是一个循序渐进的过程，短期有顿悟，而长期却学无止境。因此，王百川非常刻苦，力求精进。王百川的名字是王习三改的。自力虽好，但“海纳百川”更表现出王习三对徒弟的痴心付出所寄寓的美好希望，当然，“海纳百川，有容乃大”的胸怀也是王习三对于徒弟在道德品质上的基本要求。

相比较王百川拜师的波澜不惊，陈润璞和王习三的交往就充满了戏剧性。

陈润璞于1946年12月26日出生在河北省阜城县王李庄的一个农民家庭。其父陈福良粗通文墨，爱好书法绘画；其母识字不多却也通情达理，陈润璞这个儒雅的名字就是他的母亲起的。家庭的熏陶，使幼年润璞在艺术上很有灵气，疼爱润璞的舅父为此专门请了当地一位颇有名气的马蕴清老师对润璞进行艺术启蒙教育。得名师指点，陈润璞在绘画方面显现出天赋，只要是看过的连环画，他都能惟妙惟肖地画下来。陈润璞的这一技之长在初中毕业后派上了用场——“文革”中的红海洋时期，各单位纷纷请他去画领袖像。县文化馆也发现了这位农村业余美术作者，不断地邀请他到各个村庄公社绘制宣传教育用的各种墙画。有了这些机会，陈润璞如饥似渴，对国画、油画、水粉、水彩、宣传画及书法篆刻，无不涉猎，逐渐培养出良好的艺术感觉。

1968 年的夏天，陈润璞到砖门公社大院为即将在这里举办的法制教育展览作画，公社会计郝金昌特地跑来找老友叙旧。知道陈润璞对于绘画的痴迷，郝金昌一见面就眉飞色舞地向他讲起砖门乡杨庄有个能在小瓶里绘画的奇人，画什么像什么，简直就是神了。陈润璞专心致志地给手中的画像描着颜色，轻描淡写地问是真的假的，他可不相信世上还有这样的奇人。郝金昌拍着胸脯保证所言非虚，陈润璞皱着眉头点了点头。当天的工作完成之后，陈润璞就直奔杨庄去找郝金昌口中的这个奇人，他要亲眼看一看是不是真的有这么神。当然，他所要找的正是王习三。

在杨庄找王习三实在是太容易了，连几岁的小孩子都知道王习三住在哪里。正在煤油灯下作画的王习三看到这位不速之客有些诧异，但很快他就明白了陈润璞的来意。因为陈润璞一进门，眼睛就被满屋的内画鼻烟壶所吸引，怔怔的半天没有说话。很多人第一次见到内画时都是这个表情，惊异、赞叹，王习三对此再熟悉不过了，他知道又一个质疑内画的人被征服了。王习三向陈润璞打了个招呼，陈润璞才恍然觉得自己的行为有些失礼，连忙向王习三说着“惭愧惭愧”。

王习三笑着问陈润璞是否对内画很好奇，然后将几件完成好的作品一一拿给陈润璞看，并将内画的一些基本知识讲给他听。精通国画的陈润璞马上和王习三找到了共同语言，接下来二人越谈越投机，相见恨晚正可以用来恰当地表述二人当下的感觉。风雨如晦的年月，能找到一个可以谈得来的知己总是幸运的。因此，在第一次见面之后，陈润璞便常常来找王习三一起探讨绘画方面的问题。王习三更是将内画的工艺技巧毫无保留地向陈润璞讲解介绍。

陈润璞的家离杨庄有 20 多里地，为了更方便地向王习三请教更多的问题，陈润璞特地买了一辆自行车。当陈润璞将自己画的第一件内画作品交给王习三的时候，王习三有些吃惊。从艺差不多十年了，形形色色的人王习三也见了不少，但像陈润璞这样仅凭几次讲解就能画出一件内画作品的人王习三见过的着实不多。

陈润璞请求王习三对他的作品——一幅画在药瓶内壁上的山水画——进行修补指点，王习三想都没想就立即答应下来。

几天后的一个傍晚，陈润璞又见到了王习三，但这次见面的地点不是在王习三家，而是在陈润璞家。王习三给陈润璞带来了修改好的内画，这让陈润璞兴奋不已。借着昏黄的灯光，陈润璞发现经过王习三之手的山水变得充满灵气，而更让他惊喜的是王习三还在这个简陋的小药瓶上题了字，抬头写的是“润璞学弟”。一直将王习三视为师傅的陈润璞没想到王习三会用“学弟”来称呼自己，他指着这几个字看着王习三。王习三立即会意，马上回答两人之间年纪相差不大当然是兄弟相称了。说完两人相视大笑。这是一个愉快的夜晚，王习三和陈润璞边聊边画，不知不觉已是夜深人静之时。

王习三起身告辞，陈润璞送出门外，却见天上已淅淅沥沥地下起了小雨。陈润璞有些抱歉，本来应该是自己去找王习三的，现在又下雨路不好走。王习三一笑，指了指陈润璞的右腿，转身消失于蒙蒙雨雾之中。

王习三的举动让陈润璞心头一暖，原来他早就看出来陈润璞的腿是有残疾的。在 7 岁的时候，陈润璞为年少的懵懂无知付出了惨重的代价。当从房上跌落、右腿摔残的时候，陈润璞才知道飞檐走壁、蹿房越脊的大侠是只存在于小说里的事。出事之后，父亲忍痛卖了一头黄牛，把他送到北京协和医院。可惜手术并不很成功，在京城舅舅家休养了一段时间之后，陈润璞走路还是一瘸一拐。长大后的陈润璞曾经倔强地改变着自己走路的方式，但不管怎么努力，他始终和正常人是有差别的。一般情况下，认识陈润璞的人都问过他的腿是怎么回事，只有王习三从来没提过，可他却为陈润璞想得很周全。

想到这些，陈润璞被王习三的人品和技艺深深地打动了，决定拜王习三为师。尽管王习三再三拒绝——兄弟知己已经足够了——陈润璞还是固执地敬了拜师茶，叫了师傅。这时，王百川已经拜入师门两个月了。

王习三这时恐怕还不知道，自己除了可以做一个好学生、好艺人之外，还是一个好老师，因为十几年后，王百川和陈润璞都成了冀派内画的领军人物，而他们的艺术风格也因王习三的因材施教而各具千秋。王百川从临摹入手最后回归于生活，构思精妙、设色明快，用笔健朗大气；而陈润璞有着深厚的文人气质，在不断的创作实践中，形成了自己细润精美的独特风格。他的山水作品，立意古朴，情境秀逸，长于表现渔歌耕曲、鸡犬相闻的古代田园诗。

王百川和陈润璞之后，王习三又陆续收了一批弟子，他们成为冀派内画发展的先锋。

第五节 实业兴村

内画副业办起来之后，王习三带着十来个徒弟辛勤地作画，乡亲们的生活水平有了很大提高。王习三又开始想，如何把村里其他人都发动起来，让大家更快地富裕起来呢？在和老主任商量后，王习三决定，借到天津交货之际，再去寻寻门路，看能不能引进几个企业。

1969 年，天津。这次去天津的时候，王习三特地带了点老白干、杂面等土特产。恰巧张经理在公司，几个人就在张经理办公室坐了下来。王习三把想引进企业的想法说出来，请张经理帮忙。没想到张经理却哈哈大笑起来，说王习三来得正是时候。前几天他见到图钉厂老朱，他们的图钉厂现在停业了，转行做电器开关了。正巧有一批原来的旧设备堆在院子里等待处理，差点就当废品卖掉了。等下了班，他打个电话约老朱出来，王习三可以和他好好谈谈，很有希望。王习三几个人一听，喜出望外。

下班了，几个人到小餐馆坐了下来，这时电器厂的朱厂长也到了。魁梧的身材，黑里透红的脸庞，一笑总露出洁白的牙齿。当老朱听到对面瘦削的年轻人就是王习三时，两只手紧紧拉住王习三，惊讶得说不出话来。收购旧设备的事情谈得很顺利，事实上朱厂长根本就是无偿支援王习三，他除了把所有制作图钉的原材料和设备都当作废品处理给了王习三，还找厂里的技术骨干给王习三讲解产品的规格要求、制作技术要领，甚至手把手地教会了王习三制作模具。

可是，还有难题摆在王习三面前——究竟厂子建在什么位置呢？村里根本没有这么大片的空地，只有去村外了，又不能占用粮田。在和老主任商量之后，村革委会决定把村南面的大坑填平，作为厂址。在王习三的带动下，乡亲们的热情空前高涨，他们做梦也想不到村里会建工厂。王习三和村革委会的人一道东奔西跑，联系砖和水泥，寻找施工队……两个月后，当漂亮的新厂房落成时，鞭炮响了很久，全村沸腾了，连邻村的乡亲也过来观看。王习三这时却独自躲在画室里，这个倔强的年轻人流下了热泪。

由于乡亲们坚持让王习三担任厂长，王习三推脱不掉，也只好走马上任了。在他的联系下，村里又先后建成了明胶厂、五金厂、油坊等多项副业，村里人全都忙碌起来，无所事事的没了，打架骂街的没了。这一年，村里好几个年轻的光棍讨上了媳妇。到了年终，村里开始分红了。每个人分到了几十元钱，这相当于一个家庭几年的净收入。村里再一次沸腾了。看到乡亲们用粗壮的双手抚摸着崭新的人民币，王习三由衷地笑了。

也是在1969年，王习三的长子出生了。在那一瞬间，王习三有一种奇妙的感觉，回想这31年的经历，自己是一步步踏踏实实走过来的，人的命运始终都要靠自己改变，人总要勇敢地面对挫折和苦难。于是，王习三给孩子取名“自勇”，取自强勇敢之意。为了纪念自勇的出生，就在这一年，他呕心沥血的名作“百子图”问世。在不足三寸高、宽也约有两寸的小壶内壁上，仨一群、俩一伙的孩子正在玩耍，有的荡秋千，有的捉迷藏，有的抖空竹，有的在嬉闹……个个神态动人，呼之欲出。

就在这一年，王习三的弟子们也已经略有小成了。王百川的基本功扎实，所画的图厚重纯朴，陈润璞的图灵动清新。让王习三觉得很欣慰。在乡亲们的推荐下，他又收了王冠宇、多山岭等另外几个日后在内画界叱咤风云的弟子。

百子图

第六节　“一打双反”

1969 年，一切都是那么的顺利和美好。正当王习三沉浸在成功和幸福中时，没想到 1970 年底，又是一场噩梦袭来——“一打双反”[1]运动开始了。这种每隔几年就要搞一次的自上而下的运动，其影响几乎都是史无前例的。

就在这个春节前的一天，王习三正在给徒弟们耐心地讲解技法时，几个穿着旧军装的人闯进了王习三的画室。二话不说，就把王习三按到地上，大声叫喊，割资本主义尾巴，打倒抗拒改造的黑五类子女王习三！弟子们惊呆了，等回过神来要和他们理论时，老主任气喘吁吁地跑进来，叫大家有话好说，有话好说。为首的人一把抓起老主任的衣领子，大声咆哮：“老头儿，你这个革委会主任是怎么当的？早就听说你们这里有‘黑窝子’，不但真有，还是有组织的‘黑窝子’！黑五类子女，你不让他下田干活，接受再教育，你让他坐到屋里继续发展资本主义！”老主任战战兢兢地说：“同志，消消气，咱们慢慢说，慢慢说。”一边回身向徒弟们说：“这是县里派来的工作组的同志，你们继续工作，我和习三要配合调查，完了就回来。”“还想画？！还想复辟资本主义？没门，给我封喽！”一句话，门上就多了两

① 即打击现行反革命活动、反对贪污盗窃、投机倒把和铺张浪费。

张大大的封条。就这样，几个年轻的“工作组”成员押着王习三，到了村里新成立的工作组。老主任本以为说清楚了就能把王习三领走了，没想到事情远远没有想象中那么简单。老主任怎么想都不明白，像习三这样一个谦虚踏实、一心为公的年轻人，怎么就会是资本主义和“地富反坏”分子呢？工作室被封了，其他的副业也全部停产，王习三被关进了牛棚反省。如山的乌云遮住了太阳，天色一下子阴暗了下来，

第二天，对王习三的批斗会正式开始了。两个工作组成员把王习三摁在地上，开始宣布他的罪状：黑五类子女、资本主义专家、不接受劳动人民再教育、投机倒把……村里的人懵了，朴实的乡亲怎么也不能把王习三和资本主义联系起来，什么是资本主义？搞副业就是资本主义？这不是毛主席他老人家在五七指示里明确支持的吗？几个年轻人想要上前和“工作组”理论，这时工作组头头大喊一声，谁敢给王习三辩护谁就是现行反革命！这一下全场马上鸦雀无声了！据说去年邻村有两个人就是因为“现行反革命”被枪决了！王习三始终低着头，任凭工作组在那里嘶喊，他知道，他一个人抗争是没有用的，在全国的红色风暴下，个人的力量是那么的渺小！这也是财富带来的厄运，如果不是自己非要坚持办副业，也不会有今天的后果。工作组开始叫喊，我

们向毛主席宣誓，为了保证共产主义事业的胜利，必须打倒王习三这个黑分子。有没有人自愿揭发王习三的罪行？全场鸦雀无声。有没有人愿意揭发王习三？全场仍是鸦雀无声。批斗会开不下去了，只好宣布散会。后来工作组商量了一下，在村里留下了几个人，其余人开始分头赴天津、济南等有业务来往的城市收集王习三反革命和投机倒把的证据。

在工作组的监视下，王习三开始了所谓的“劳动改造”。本来已经快春节了，正是冬闲的日子，但是工作组总是千方百计给王习三找活干。早晨 4 点就要起床扫大街，挖土，挑水，到了傍晚，王习三要跪在村口，脖子上挂一块案板，上面写着“打倒黑五类王习三”，一直到深夜街上没人的时候。许多人见了都不忍心看王习三的样子，纷纷躲着走，老太太们一边抹眼泪，一边小声叨叨着“造孽啊”。习三的妻子与母亲终日以泪洗面。王习三瘦弱的身体给折腾垮了，浑身疼痛，连发了几天高烧。但是工作组根本不管不顾，仍是对王习三百般刁难。有一天，干完活天黑了，工作组又把王习三叫来，让他把百斤重的电线送到乡公社去。又是一次故意刁难，平日这种活都是队里派牛车去的。王习三没有言语，吃力地把电线放在独轮车上，慢慢推起独轮车，向几里外的公社走去。王习三已经不愿也没有精力再去思考世界的合理性。月亮好像不愿看到王习三委屈的身影，躲进了乌云里。王习三深一脚浅一脚地走着。当他正吃力地推着小车上坡时，眼前一阵发黑，他一下没控制住，连人带车翻到旁边几米深的沟里，车把重重地撞到左胸上，他当场昏了过去……

等他慢慢睁开双眼，却发现自己躺在床上，旁边是哭泣的母亲和妻子，几个乡亲围坐在屋里。王习三慢慢想了起来。原来王习三走的时候，老主任怕发生危险，告诉了他的堂兄和几个乡亲。他们久等王习三不见回来，于是顺着路找，把昏迷的王习三救回家里。乡亲们终于爆发了。王习三带领乡亲们吃上了饱饭，但是自己却吃不上饭；他给国家创汇做出了重大贡献，但是却被打成反动分子遭受百般迫害。村里的乡亲们把工作组给围了起来，非要让工作组给一个说法。工作组看到众怒难犯，害怕了，只好答应在问题弄清楚之前，取消对王习三的身体惩罚，减轻王习三“劳动改造”的工作量；但是，仍不让他继续作画和参与村中的其他事务。王习三的胸骨严重挫伤，加上连日来不让好好吃饭和睡觉以及肉体上的折磨，他又大病了一场。乡亲们偷偷地跑到他家里去看望他，给他带去苹果、大枣和白面馒头。王习三再也忍不住了，这个七尺高的汉子在亲爱的乡亲面前失声痛哭。

由于没有证据，以后开批斗大会时，规模要小很多，并且村里暗中选派了几位德高望重的老人坐在最前排，只要工作组一开始肉体惩罚，他们马上就会出来制止，要文斗不要武斗。王习三的处境有了很大的改观。这个时候，徒弟们总是晚上悄悄来找王习三，请求他的指点。王习三就是在这样艰苦的环境里工作着，用血汗浇灌着这些幼苗，希望他们能快点长成参天大树。

工作组派出去的调查人员回来了，没有任何实质性收获，据说，被派往天津去调查王习三的人还碰了钉子，老朱是根正苗红的老党员，性子又直，跟去调查的人拍上了桌子。工作组的人很泄气，但是并没有撤销对王习三的处罚，理由是还需调查。

为了搜集王习三的“犯罪证据”，工作组特别找来陈淑英谈话。怀着六个月身孕的陈淑英在工作组一站就是一天。工作组的组长先是装作十分关切的样子做陈淑英的工作。他从陈淑英的父母讲起，对陈淑英这样一个出身于红色家庭的人嫁给王习三这样的“黑五类”分子表示惋惜，然后就开始“启发”陈淑英大义灭亲，和王习三划清界限，并许诺如果她能揭发王习三的罪行，工作组就将在工作中特别照顾她。陈淑英低头静静地听着工作组组长喋喋不休，就是一言不发。“组长”见状，改变了策略，直接“命令”陈淑英和王习三离婚，否则就去抄家。这下，陈淑英可急了。她抬起头直盯盯地瞪着“组长”，好，不就是让我说吗，我说！接着，陈淑英把杨庄怎么从八分钱一个工分涨到五毛多钱一个工分、怎么打井接电等讲起，把王习三的贡献讲了一个遍，说完丢下目瞪口呆的工作组人员扬长而去。

这下不得了了，陈淑英居然胆敢公开挑衅工作组的权威，一定得给她点颜色看看。不听话就抄家，这是那个年头的规矩。当天晚上，工作组的人就冲进了王习三的家。此时王习三还在公社批斗没有回来。借着搜集证据的名义，工作组砸烂了王习三家里的所有东西，最后甚至连吃饭的碗都要当作证据拿走。陈淑英则又被叫到工作组所谓谈话，直到天黑才被放回家。疲劳加上黑暗，在家里的门洞里，陈淑英的肚子不甚撞到小推车车把上，当时就疼昏了过去……

王习三真想一把火烧了工作组，但为了年迈的母亲、怀孕的妻子和未出世的孩子，他只能强把眼泪吞进肚里。

“当！——当！——”座钟敲了两下，一直和衣而卧却没有一点睡意的王习三轻轻下了炕。他贴着炕沿，借着那从云缝里透出来的一道月光，端详着妻子那苍白而瘦削的脸庞，淑英左腮上还挂着一滴泪珠。如果不是因为自己，淑英怎会受这么多苦？第二天，王习三很认真地劝妻子再走一步，坚强的淑英却扑到了他的怀里，夫妻二人抱头痛哭……

转眼间8个半月过去了，而对于王习三来说，却好像过了80年。这个好强的年轻人受着身体和精神的双重折磨。他甚至想过轻生，但是想起年迈的母亲、年幼的儿子、可爱的妻子、上进的学生，他最后忍住了——我就不信时局会一直动荡下去，我就不信传统的艺术事业永远没有明天！无论遭受怎样的困难，他都咬牙坚持了下来。工作组的一个年轻人还算不错，慢慢跟乡亲们混熟了，对王习三所做的一切也了解了，受到感动。他把王习三受冤枉的事实向工作组汇报了，并建议免除对王习三的处罚，却遭受到一顿严厉的训斥。工作组头头说，我们是带着任务来的，不抓个典型，咱们如何交差？

第七节　籴米

“一打三反”运动的开展，使杨庄包括“半农斋”内画在内的所有副业都停了下来，乡亲们又开始挣扎在饥饿的边缘。王习三一家也陷入了无粮的困境，杨庄有的人家几年来很少有存粮了。“一打三反”的斗争使杨庄人的一切努力转瞬间就化成了泡影。

借粮食是不可能了，大家都一样没口粮。买粮食也成问题，一来没钱，二来在现在的形势下，卖粮的也很少，偶尔会有卖粮的消息，也往往离得很远，王习三天天被批斗也根本没办法去。看着满头白发的母亲、瘦弱的瑞琪、牙牙学语的自勇，还有挺着肚子的陈淑英，王习三没有一天能睡得着觉。尤其是妻子，现在有孕在身，本应该好好调养，却常常饿得心慌出汗。正在万难之际，姐姐托人从北京捎来了20元钱，王习三长舒了一口气。姐姐总是扮演及时雨的角色，也不知她自己现在过得好不好。1966年遣返回乡的时候，姐姐因为已经出嫁而免受牵连。姐夫一家根正苗红，在风雨飘摇的北京城没有受到什么冲击，姐姐也算是幸运的了。来到阜城杨庄后，为了姐姐的安全，王习三已经很少跟姐姐联系了，只是偶尔借搞副业出差北京的机会，偷偷地见姐姐一面，而每次姐姐都会给王习三塞一点钱。

姐姐的钱着实让王习三一家人高兴了一阵子，但钱是不能吃的，当务之急是要把钱换成粮食。明天村里就有乡亲去赶集籴粮，可王习三家谁能去呢？王瑞琪自告奋勇，但母亲和习三都有些担心。长时间的饥荒，瑞琪已经十分瘦弱，还要赶那么远的路，不知瑞琪能否撑住。看到家人的迟疑，瑞琪从凳子上一跃而起，端端正正地站好，向大家行了一个不太标准的军礼，然后声音洪亮地说道：“向各位首长保证，一定完成任务并且平安地回来。”尽管瑞琪非常严肃，但他的举动还是让一家人笑出了声。瑞琪就是这样，不管环境怎样的艰苦，他总是大家的开心果。其实，担心归担心，让瑞琪去籴粮是唯一可行的办法。

第二天一大早，瑞琪带好钱和一条布口袋，借了一辆水管架自行车，和两个同伴一起去赶阜城大集。刚走到半路，瑞琪就见有同村的乡亲往回走，难道集上没有卖粮的？瑞琪紧张地上前询问，心中止不住地祈祷，如果再没粮食他们可真的没法活了。还好，瑞琪听到了一个好消息，这些人要赶往马回台，听说那里的粮价比阜城每斤便宜三分钱。瑞琪和同伴算了一下，同样的钱在马回台可以多买十来斤玉米，这个诱惑太大了。三人马上调转车头赶往马回台大集。决定可以马上做出，但路只能一点儿一点儿地走。武邑的马回台和阜城县城比，要远很多。王瑞琪三人在坑洼不平的土路上颠簸了近百里，终于在中午散集前赶到了马回台。

王瑞琪和他的同伴很快就找到了卖主，经过讨价还价后，他们以每斤一毛七分钱的价格各自籴了100多斤玉米。异常兴奋的三个人推着驮了整口袋玉米的自行车挤出大集，正要蹬车回家，突然从路旁闪出两个带红袖章的人。

“你们干什么的？！”“红袖章”挡在路中，横眉立目地朝王瑞琪三人走过来，眼睛直盯盯地看着他们自行车后座上的口袋。瑞琪赶忙赔着笑脸上前解释，他们是阜城杨庄来籴粮的。“籴粮？哼！粮贩子还差不多！”随着“红袖章”的大吼，瑞琪三人被他们连拉带扯地揪到了马回台的革委会。端坐在革委会办公室正中央的“首长”高高在上，不可一世。他冷冷地扫视着手下革命干将的辉煌战果——三个粮贩和满满三口袋玉米，开始训话：“伟大领袖毛主席教导我们：千万不要忘记阶级斗争！你们怎么回事，老实交代！”瑞琪只得战战兢兢地把事情的来龙去脉又讲了一遍。“首长”用质疑一切的犀利眼神看了瑞琪一会儿，做了决定：为了证明瑞琪他们的清白，现在特别允许他们回阜城县开个介绍信来。但粮食和车都要先扣下，明天中午以前一定要将介绍信拿回来，否则扣的东西全部没收。瑞琪三人相互看了看，又壮着胆子向“首长”要求能否先把车让他们骑走，因为路实在是太远了，走回去怕来不及了。“首长”的耐性被瑞琪三人磨没了，二话没说就示意身边的“红袖章”将三人赶了出来……

被批斗完的王习三拖着疲惫的身子往家走，在门口见到了焦急的母亲和妻子。王习三预感到事情有些不妙，赶忙问发生了什么事，母亲忧心忡忡的回答是瑞琪还没有回来。淑英在一旁安慰着婆婆，三人在一起不会出事的，可能是车子坏了，别着急，可她脸上的表情却比婆婆还难看。王习三心里明白，一定出事了。平常，每次赶集中午准能赶回来吃饭，可现在已经是深夜了。王习三决定和母亲去村口等，淑英先回家照看睡着的自勇。

寒冷的秋夜格外寂静。王习三扶着母亲站在村口，遥望着漆黑的远方。等人的时间显得特别漫长。终于，王习三看见三个摇摇晃晃的身影越来越近。瑞琪是被王习三背回家的，平日里就瘦弱的瑞琪经过十几个小时的长途跋涉一到村口就瘫倒在地。陈淑英替倒在炕上的瑞琪脱下鞋袜，大家一眼就看到了他满脚大大小小的水泡。母亲和淑英再也忍不住，心痛得哭了起来。王习三咬了咬牙，这本该是他这个做大哥的应该受的罪。瑞琪撅着嘴，眼泪一滴一滴地从脸上滑落，结结巴巴地跟母亲和哥哥解释发生了什么事。家人帮瑞琪盖上被子，然后往厨房走去，怎么也得给瑞琪弄点吃的吧，肯定一天没吃饭了，还得再烧点水给瑞琪烫烫脚。

第二天天刚蒙蒙亮，王习三就敲开了老主任家的门，老主任领着他找到了工作组组长。被人扰了清梦，工作组组长脸色铁青。王习三小心翼翼说明来意又百般恳求，老主任也在一旁说好话，组长才给他开了一封证明信。王习三拿着这张救命的信再赶往县城，去换阜城县革委会的介绍信。王习三的身后传来组长的叫声：

“完事马上回来，继续批斗！”两个小时后，气喘吁吁的王习三将县革委会的介绍信交给了瑞琪，虽然瑞琪现在仍然很虚弱，可是没办法，王习三还要赶回革委会那报到。瑞琪拿着信朝哥哥晃了晃说，放心吧，一定会把粮食取回来的。

瑞琪坐在同伴的车上，眼睛一直看着太阳，马上就正午了，不知是不是来得及。还好，当瑞琪和同伴们跑进马回台革委会的办公室时，墙上的钟指向了十一点五十分。瑞琪将介绍信恭恭敬敬地交给这里的“首长”，“首长”只匆匆地瞥了一眼就将信扔到了一边。然后，他面无表情、一字一顿地告诉瑞琪，他们来晚了，粮食已经按每斤一毛一分的官价处理了。看在他们初犯，钱扣下，就把车子退给他们吧。听到这样的答复，瑞琪心中的怒火“腾”的一下冒了上来，自己回家怎么跟哥哥交代。瑞琪上前指着墙上的钟大声质问是不是现在还不到规定的时间，屋里站岗的两个“红袖章”立刻警觉起来，拉开架势就要冲上来。同伴赶忙把瑞琪拉回来，一边往外拽，一边向革命“首长”和红卫兵小将赔着笑脸。

第八节　偷柴

这天晚上，像往常一样，王习三从公社批斗回来。

陈淑英眼睛里含着泪水好像有话要说。王习三缓缓地问又出了什么事，陈淑英声音颤抖地说家里没柴了。母亲紧接着解释，今天做饭的柴火都是从邻居家借来的，明天就没有烧的了，这日子可怎么过啊。看着母亲焦虑的神情和妻子愁苦万分的面容，王习三的心一阵刺痛。他放下碗筷，轻轻地摸摸妻子的肚子，他们的第二个孩子马上就要来到这个世上了，可妻子总是会为这样那样的事情发愁，身为丈夫却不能为她做点什么，这让自己觉得十分愧疚。

粮食是问题，做饭的柴火也是问题。深夜，家人都已经睡熟之时，王习三还在翻来覆去地想这个问题。母亲年迈、妻子怀孕、弟弟出民工挖河、自己每天从早到晚接受批斗，谁能去地里拾柴呢？该怎么办，拿钱买？粮食都买不起，拿什么买柴？借？亲戚朋友全都接济过自己，也实在不好意思再张口了。思来想去，王习三唯一的办法是趁夜间去邻村的场院偷点柴禾解燃眉之急。

想到这儿，王习三再也躺不下去了。他轻声地叫醒陈淑英，说了自己的想法。陈淑英一惊，赶忙阻止，丈夫现在还在挨斗，万一让人看见那还了得。可王习三顾不了这么多了，“人是铁，饭是钢，一顿不吃饿得慌”是千古不变的真理。王习三翻身起床，悄悄地披上衣服走出屋子。借着微弱的月光，王习三找到了放在院子墙角的放柴火的筐子。陈淑英跟出来忧心忡忡地叮咛王习三千万小心。

出得门来，王习三和陈淑英直奔村西头。村西头就是红荆沟和邻村苏庄的场院，离村不足半里路，那里满是干红的荆条。即便再熟悉地形，摸黑走路也实在是不容易。王习三一路高高低低，终于摸到了场院。王习三把筐子放在地上，摸着黑就开始折那一根一枝的荆条。折着折着，突然身后传来一个低沉沙哑的声音："干吗哩？"这让王习三惊出一身冷汗，差点坐在地上——正受着批斗还犯这样的大错，被人抓个正着，恐怕只有死路一条了。一个上了年纪的人走了过来，猫下腰凑近一看是王习三，不禁松了一口气，他原本以为是有贼了。王习三这时也看清了，是本村的一位大叔，颤着央求大叔别把今天的事情告诉别人，大叔摆摆手，示意不用说了，快走吧。王习三像捡了一条命似的，几乎是一口气一路狂奔到家，进门就瘫在地上。

第九节　一壶明志

1971 年，"一打双反"活动结束了，工作组没有抓到王习三任何把柄，也只好撤走了。王习三自由了，但是他的处罚却依然没有解除，他的画室"半农斋"和其他副业厂依然被封条贴着，没有人敢揭下来。1970 年和 1971 年，村里的收入就减少了几万元，乡亲们又开始饿肚子了。为了改变这种状况，根据乡亲们的一致要求并经过村委会研究决定，村民联名写信，向县政府和县革委会反映情况，并且组织了代表上访。经过不断的反映，终于有了回音。

1972 年，在周总理的关怀下，国务院发布了关于艺人归队的政策文件。在春风回暖的一天，一辆吉普车停在了王习三家门口，刚刚恢复工作的阜城县县委书记张荫昌亲自到杨庄看望了王习三，宣布解除对他的处罚，并把他调到阜城县综合厂工作。王习三迎来了他人生的第二道曙光。因为填表时，派出所办事员不知道他的真名叫王瑞成，把他的艺名王习三当作他的常用名填在了户口本上，从此“王习三”这三个字由艺名变为真名。王习三感慨万千，一是感谢周总理，感谢政府给他落实政策，使他能够重新回到他热爱的内画艺术事业中；二是担心什么时候时局才能稳定，这样的政策能够持续多久。他把徒弟们也带到了综合厂，他们深知机会来之不易，更加努力地学习和研究内画这门传统艺术。

天津的一个老学者龚望在从朋友那里得知王习三的经历后，非常感慨，他取出了珍藏多年的宋代宣纸，请著名书法家余明善先生写了一幅“一壶斋”的横幅堂名送给王习三，其意思取自《后汉书·艺文志》中《鹖冠子·学问》篇中的“中河失船，一壶千金。贵贱无常，时使物然”。大意是：船行至河中心翻了，如果能得到一个葫芦就能免于溺死，比喻物得时则贵。内画是王习三的技艺，因为内画使他为贫困的家乡做出了重大贡献，也因为内画这门技艺而早日平反。从此，王习三就把“一壶千金”当作了他在艺术创作上精益求精的座右铭，并在自己的作品中署“一壶斋”堂名。今天，“一壶斋”已成为驰名中外的著名品牌。

一天，综合厂的厂长把王习三叫到办公室，交给他一个信函。王习三打开一看，竟是自己遣返前的原单位北京工艺美术厂寄来的。信中写道：王习三同志，经厂革委会和厂总部研究，决定邀请你回厂工作，可以解决家属户口、工作和孩子户口问题等。王习三愣住了，真的没有想到，原厂竟然还记着他。想想北京优越的条件，王习三陷入了矛盾之中。回北京，母亲年纪大了，能够享受富裕一点的生活，妻子也能够安排工作，结束面朝黄土背朝天的苦日子。可是自己走了，徒弟们怎么办？给过自己支持、援救、鼓舞的乡亲们怎么办？不走，怎么跟母亲和妻子交代？正当王习三犹豫不定的时候，厂里又收到天津工艺品进出口公司的函，内容大致一样，邀请他去天津工作。王习三的心里更加乱了。

夜里，王习三无法入睡，一直在床上辗转反侧，把妻子给吵醒了。在弄清楚事情的原委后，淑英也陷入了沉默。慢慢的，淑英试探性地问："习三，如果不回到北京，行吗？"王习三叹了口气，说："如果我一个人，我肯定不回去，可是我想让妈和你们有一个好的归宿。"淑英的眼睛亮了起来，幽幽地道："习三，人活在世上就是几十年，咱们不管别人怎么讲，就是要追求个心安理得。人生几十年，到老时什么东西都带不走，吃什么住什么实际上都是一样，最关键是要良心上过得去。前两年你挨斗时，把我和妈吓坏了，真的怕失去你。要不是乡亲们的保护，恐怕我们这个家就完了。如果去北京或是天津，我们是能过上衣食无忧的日子，可是对我们有恩的乡亲们呢，我们能眼睁睁看他们继续受苦受穷吗？"淑英的一番话让王习三坚定了信心，在询问母亲的意见之时，没想到她想的也一样。王习三终于长出了一口气。

有一天，厂里忽然又来了一辆吉普车，有两个身材魁梧、衣衫整洁的人找王习三。三个人一见面，就立刻紧紧地拥抱在了一起。这两个人原来是天津工艺品进出口公司的老张和开关厂的老朱。他们等了个把月，见没有回音，就亲自来找王习三了。老张关切地问："习三，为什么不想去天津，难道还怕我们对不起你啊？"老朱在一边附和着："是啊，凭咱们的交情还请不动你啊？"王习三脸上有点发烧，是啊，老张和老朱确实帮了很多忙，尤其是挨斗时，他们担着"没有与'地富坏反'分子划清界限的风险"，始终维护着自己。但当他把原因告诉他们两个时，老张和老朱也沉默了。过了一会儿，老朱先开口了："习三，好样的，男人不能光为自己活着，男人就应该这样！"

送走了老张和老朱，习三的心踏实了下来，但是没想到厂里的流言还在继续着，无非是大厂家来请他了，他一定会走之类的。徒弟们不敢问什么，只是悄悄观察他的脸色。王习三没有解释什么，他永远也无法忘记在苦难中给过他援助和鼓舞的这块土地和人民。他静静地拿起笔，作了一幅竹兰图，一块山石旁边，翠竹和幽兰交相辉映。弟子们明白了，师傅的意思是"一石一竹一兰，有骨有节有香"。

第十节　归队

到 1972 年，王习三仍然是"戴罪之身"，然而坚定的信念始终支撑着他，从突然遭受不白之冤的那一刻起，他就始终相信，自己没做错什么，真相会弄清的。现在，艺术权利的回归让他看到了希望的曙光。真的勇士时刻想到的，总是勇敢地前行，即使身上还带着伤痛，也不会积怨昨日的牢笼。被压抑许久的艺术热情岩浆般的迸发了出来，王习三满怀的创业激情被点燃了，在当地领导的支持下，他在阜城国营综合厂筹建了内画烟壶车间，说是车间，实际是极其简陋的画室，除了画画用的笔墨，几张木桌几乎是全部家当。就在这样简陋的条件下，1973 年初，王习三开始招收学徒，担起培养接班人的光荣任务。张汝财、董昆、刘和平、多成云、姚景卿、苏文娟、刘子艺、刘双青、索振海、王千、刘广智、倪世玲等人幸运地成为他的第二批弟子。王习三倾囊相授，名师高徒，弟子们的内画技艺自然是突飞猛进，他们和早期的王百川、陈润璞等人一起，成为冀派内画崛起的实力派代表。现在看来，在阜城国营综合厂内画车间的四年间，王习三不仅为国家赚取了大量外汇，还培养了大批人才。自此以后，王习三一步步地在他的内画创作道路上前行，渐行渐远，并且一步一阶梯，冀派内画从此开拓出一条崛起的道路。

人民是历史的创造者，任何错误的、阻碍社会历史进程的人终将在伟大的人民面前败下阵来，这些人的行径也终将被认清。1976 年年底，反革命的“四人帮”被粉碎，一大批冤假错案受到重视，全国上下迅速掀起“平反”的高潮。这股春风也很快吹到了衡水，中国共产党没有忘记受迫害、被错误遣返回老家的王习三。1977年上半年，也就是在粉碎“四人帮”半年之后，衡水地委领导把王习三请到衡水，地委领导郑重宣布：为王习三彻底平反。他们告诉王习三，共和国迎来了自己的又一次新生，一个致力于“四化”建设的新时期即将开始，国家需要外汇，为王习三们提供了宽广的活动舞台，知识分子施展才能的机会到来了。地委领导已经决定，全权委托王习三创建衡水地区特种工艺厂。

王习三激动不已，一时间心中五味杂陈。他有很多话要说，可一句也没说。他是一座山，曾经大雷大雨在胸中捶打，他坚强地在世界上走着，他觉得苦难终究会结束，施展自己抱负的机会一定会到来，但没有想到来

1979年衡水特种工艺厂初建时全体职工合影（中排带奖章的是王习三）

得这样快。还说什么呢？党和政府还记得自己，理解到自己受到的委屈，为自己平了反，还委托给自己如此重要的任务。领导的信任、理解、支持，已经用行动表示出来，连自己没想到的，他们都想到了。他努力让自己镇静下来，面对地委领导，重重地点了点头。对于饱尝生活艰辛的知识分子而言，很多时候，再多的话也是多余的。他们身上，更多的是对中华民族“韧”的品德的继承，他们更愿意把言语埋藏在心底，以激励自己在今后的人生中发挥出最大的动力。王习三满怀的感激、满怀的抱负，都伴随在他那重重的点头里。那一刻，内画艺术家听到自己的心在胸中澎湃，血液在那里沸腾，王习三的双眼中闪烁着奕奕的神采。晚上，他没有睡好。

妻子陈淑英也没有睡好，对她来说，家庭就是一切。曾几何时，苦难仿佛没有尽头，这个淳朴、善良、坚强的农村女人始终不放弃对丈夫最真挚的爱，她尽己所能，永远给丈夫提供着最温暖、最无私也是最伟大的支持。夫妻相濡以沫，坚强的生活，终于盼来了回报。而今这个家要搬走了，他们从村子里搬到了县里才没几年，现在却又要搬了。虽然是去条件相对好的衡水，可出于对乡村生活的依恋，陈淑英依然有些放不下。孩子在一旁安睡着，嘴角浮现发自内心的笑意，或许是对将要到来的美好生活的憧憬吧。丈夫是个顾家也顾事业的

1976年儿女双全的王习三夫妻：儿子王自勇、女儿王自媛、妻陈素英。

男人，在他事业的春天就要到来的时候，家人是不应该拖后腿的，他需要的是一如既往的、最全力的支持。周围很安静，只听见均匀的呼吸声，陈淑英默默在心头念叨着搬家的准备，不知道什么时候睡着了，可天似乎很快就亮了。

事实证明，衡水地委委托王习三创建地区特种工艺厂的这一决定是深具远见卓识的。它不仅使王习三有了施展才能的机会，还为王习三的远大抱负提供了财力、物力、人力的保证，从而使中国内画艺术走上一个新的高度。

第四章　异彩奇葩

第一节　“冀派”崛起

2006年王习三的儿子王自勇和衡水宣传部相关人员到外地考察内画产业的分布及影响，邂逅了上海凯冲工艺品有限公司总经理许铁圈。许铁圈出身于衡水饶阳县一个贫苦农民家庭，到2006年已在上海直接经营11个礼品门店，主要经营内画产品为主的各种工艺礼，品年货物周转金1000多万元。说起自己的这一切，许铁圈对王习三充满了感激。他说正是背靠“冀派”内画这棵艺术大树，才成就了他今天非凡的人生。许铁圈的经历是冀派内画发展的一个缩影。1967年，王习三在家乡阜城县杨庄村重新开始了内画的创作。40余年来，他躬身力行，与弟子们齐心协力创建了“冀派”内画艺术。经过艺术的普及、提高、升华，小小鼻烟壶从民间登上大雅之堂，并且跨出国门，享有了世界声誉。现如今，内画产业已发展成为拥有从业人员近 4 万、年产值约 10 亿元的衡水市龙头文化产业。在京、鲁、粤、冀四个内画流派中，冀派以其庞大的创作队伍、丰富的花色品种、过硬的工艺水平、广阔的市场营销和良好的海内外影响牢牢占据着行业领头羊的地位。

1977 年，正式调往衡水的王习三满怀热忱，以最快的速度成立了特种工艺厂。在他的积极协调下，陈润璞、张汝财等弟子陆续被调入厂内，成为工艺厂最早的人员班底，也是工艺厂的顶梁柱。

就在成立特种工艺厂这一年的 8 月，王习三主持了衡水地区特种工艺厂的第一次招工，录取了董雪、傅国顺和张增楼 3 人，他们成为了王习三的第三批弟子。王习三说，自己早就意识到，要弘扬一门艺术仅靠少数人是不行的。过去内画属于家族式民间艺术，技术上传男不传女，至少是不传外姓，所以它的路越走越窄，遇上天灾人祸就难免会走向衰亡。他要彻底改变这种局面。中国艺人的传统观念里向来流传着“教会徒弟，饿死师傅”的老话，但王习三更明白，当年若不是京派名家叶晓峰和叶菶祺打破传统，教授自己内画艺术，就没有今天的王习三。经常有人和他风趣地开玩笑说：“你这样尽心教徒弟，将来你的徒弟成名的时候，你在艺坛上也快要销声匿迹了。”王习三总是忠厚地笑笑：“有状元徒弟，没有状元师傅。徒弟出了名，师傅更光彩，给国家争得的荣誉更多。”笑容的背后，是王习三的执著。他坚信一门艺术的掌握能够改变一个人的命运，乃至带动一个地区、一方水土的兴旺。王习三忘不了自己的第一批弟子王冠宇是在什么境况下和自己学艺的。他希望那些穷困但非常好学的青年人也能像自己一样，借助这门艺术改变他们的命运。1979 年 12 月，随着业务的发展，王习三主持了第二次招工，从众多应试者当中录取了卢俊为、艾会琦、王春光、孙建国、曹慧敏、魏建民、尤凤华、叶爱萍、李英涛、张铁山、宋于影、张玉明等 12 人，他们成为王习三的第四批弟子。

作为京派老艺人叶仲三之子叶晓峰、叶奉祺的第一位外姓弟子，恩师无私旷达的胸襟、倾囊相授的教诲，令王习三终生难忘。在教授徒弟的时候，王习三更是言传身教、一丝不苟，并且毫无保留地倾注下所有的心血。每当看到弟子们在艺术道路上前进一步的时候，他心里就感到由衷的高兴。

同时我们还要说的是，王习三对弟子的关心同样是无微不至的。多年以后，王习三的“大师”弟子们谈到老师的传道授业时，不约而同地提到了艺术传授之余的生活关爱，几乎每一个身上都有让他们感动的事例，而陈润璞是最突出的一个。时至今天，已经成为国家“工艺美术大师”的陈润璞每每提及自己的授艺恩师，满口间都是对老师的无限尊敬与感激。王习三心里始终牵挂着这个身残志坚的弟子，把他从阜城乡村带到了衡水市特种工艺厂，提前给转了正式工，还在生活上给了他细心周到的关怀。陈润璞忘不了那个下雪天，自己因为身体原因不愿出门，就留在画室画烟壶。食堂应该已经没饭了，但全身心沉浸到自己的作品之中的陈润璞却无暇顾及。直到他偶然的一抬头，才突然惊讶地发现，不知道什么时候，老师已经站在自己身边，还亲自把饭端了过来，一股家的暖流在陈润璞的心底升腾着……在衡水特种工艺厂工作了一段时间以后，陈润璞的腿突然疼起来，甚至到了不能站立的程度，是老师督促他抓紧时间治疗，在得知他因为经济问题不愿出去动手术的时候，又是老师毫不犹豫地掏出钱来，这才得以进京动手术，保住了他的腿。后来，陈润璞把固定自己腿骨用的钢针留下来，精心打造成一支“习三弯钩笔”，以此激励自己在艺术学习道路上勇往直前，同时也倾注着对恩师的默默感激和报答之念。

在培养徒弟方面，王习三既注意教技术，更注意教心。他早就认识到教徒弟不仅要从艺术上教，还要从道德上教。技艺高超、品德败坏者永远也不可能成为艺术家。王习三要让自己的弟子们成为新一代人民的艺术家。为此，他加强了爱国教育和道德教育，使弟子们树立起热爱社会主义，为人民出力、为祖国增光的思想，并且身先垂范。由于工作的原因，王习三出国的机会逐渐增多，对社会的认识进一步深刻，回国后，他就将所见所闻讲给徒弟和全厂职工听，用事实教育他们热爱自己的祖国。一次，王习三在美国大街上看到一个抢劫的场面，光天化日之下，歹徒挟持了一对年轻夫妇，一个歹徒手持匕首，刀尖扎在男青年的脖子上，让这对年轻夫妻把钱交出来。周围满是围观者，竟没有一人敢上前相救，更没有人敢捉拿罪犯。这对年轻夫妇只好乖乖地交出钱。歹徒临走，还在男青年脖子上划了一刀。这次遭遇对王习三震动很大，更坚定了他做好道德传授的信念。

王习三的师父叶晓峰对中国鼻烟壶这一传统艺术的发展做出了重要贡献。叶晓峰1976年去世，膝下无子，女儿常年在外地工作，85岁的老伴靠外孙女陪伴度日。王习三每次出差到北京，都要买好些吃的去看望师母，顺便帮她做些事情。王习三对师父的精心传授记忆犹新，为了表达对师父、师母的一片尊敬，他打算送给老人一台彩色电视机，既能够丰富师母的生活，又可以帮助老人在家打发寂寥的时光。回厂后，他同厂里张海森书记商量，觉得把这件事作为对徒弟和职工进行一次艺德教育则更好。很快，王习三以个人名义写了一个启事，说明原委，让徒弟们自愿捐款。启事发出后，不到一天时间就凑了1000多元。王习三个人又拿出400元，到石家庄买了一台18寸环宇牌彩色电视机。赠送仪式以召开全厂职工大会的形式举行，使全厂职工受到了一次艺德教育。叶师母收到电视机后分外感动，派其外孙女专程到衡水送来一面题词为“艺海情深，渊源不断”的锦旗。

王习三培养的弟子成长都很快，迅速在全国内画界崭露头角。几年内，这些徒弟们的作品就打入了国际市场，受到广泛的关注。王习三的徒弟和特艺厂职工们的技术水平和思想素质都是经得起考验的，几年时间里就先后有多人次出国，并且都较好地完成了任务。王习三领军的内画鼻烟壶艺术影响力逐步扩大，在海内外声名鹊起。这支内画大军被国际上称为异军突起的“冀派”。中国内画四大流派中，“冀派”起步最晚，但它发展最快、队伍最大、实力最强、作品最精，在国际鼻烟壶界反映也最强烈。王习三形容自己的开宗立派是“无心插柳柳成荫”。他自己都无法想到，当年为增加队里收入、改善农民生活而“顶风作案”的内画创作，若干年后，竟能形成一个名扬中外的文化产业大军。

作为冀派内画创始人，王习三从绘画工具到绘画技法及绘画形式都进行了传承创新。金属杆钩毛笔、油彩内画、系列内画烟壶，等等，使冀派内画艺术创作焕发了无限生机。在这一时期，王习三最早的几批弟子，各自以自己鲜明的艺术个性，引起了海内外收藏家关注。当时，人们从随京剧界称谓，把王习三弟子中的王百川、王冠宇、陈润璞、刘子艺誉为“四大名旦”，把卢俊为、艾会琦、王春光、苏凤仪誉为“四小名旦”。冀派内画既有扛鼎的一代大师，又有人才辈出的创作队伍，影响一时无人能及。多山岭、多成云、董昆、刘和平、王千、张汝财、刘双青、索振海、董雪、张增楼、付国顺、张铁山、卢建广、孙建国、黄三等，灿若群星，竞相争辉，凸显出了冀派内画艺术的强劲发展势头，至今为人称道。这一时期，众弟子相互借鉴，在从叶派脱颖而出的基础上，兼收并蓄古今各派内画艺术之长，从而形成了冀派内画创作鲜明的艺术风格。

几十年如一日，王习三对弟子倾注了所有的心血，也欣慰地看到了弟子们的成长。多年后，在弟子刘艺子、张路华、王东瑞大力倡导创新思想出版小画集《三人行》时，王习三欣然撰文《喜看三人携手行》：“刘子艺、张路华、王东瑞《三人行》的出版，再加上近年来不断涌现出的具有使命感和责任感，并以实际行动为内画艺术发展做出贡献的新秀。他们的所作所为正是‘恰同学少年，风华正茂；书生意气，挥斥方遒。指点江山，激扬文字，粪土当年万户侯’的再现，可谓‘后生可畏’‘长江后浪推前浪’！作为冀派内画的创业者，我由衷地感到自豪和慰藉。也激励我要老骥伏枥、壮志再添……”

美国著名收藏家艾伦森夫妇曾著文说：“王习三不仅是中国最伟大的内画鼻烟壶艺术家，而且在扶掖后进时诲人不倦，倾囊相授。他无私培养了整个一代的新内画家，从而复兴了内画艺术。这一切是任何内画家都无法比拟的……”

第二节　艺术的春天

> “蹉跎度半生，只求技艺珍。呕心育杰秀，唯愿玉壶春。”——王习三

党的十一届三中全会是新中国成立以来具有深远意义的伟大转折。标志着中国共产党从根本上冲破了长期“左”倾错误的严重束缚，端正了党的指导思想，使

1979 年被授予“中国工艺美术家”的王习三坐在主席台上

广大党员、干部和群众从过去盛行的个人崇拜和教条主义的束缚中解放出来，在思想上、政治上、组织上全面恢复和确立了马克思主义的正确路线，结束了 1976 年以来党的工作在徘徊中前进的局面，将党领导的社会主义事业引向健康发展的道路。党的知识分子政策进一步落实了，王习三的思想更加解放，创作的积极性更加高涨，在艺术前进的道路上迈出了新的步伐。王习三充满感情地说：“是十一届三中全会以来的改革开放政策，带来了内画艺术的春天，这门传统技艺在改革开放中得到迅速发展，在国际上为祖国赢得荣誉和外汇。”

1979 年 8 月 16 日，王习三出席全国工艺美术艺人、创作设计人员代表大会，在34位被授予“中国工艺美术家”称号的艺术家中，他是最年轻的一个。

一　恢复“古月轩”

2008年，王习三创作的古月轩敞口瓶，在伦敦佳士得春季拍卖会上以4.85万英镑（时值人民币约66.3万元）落槌定音。英国著名鼻烟壶收藏家许谟士先生对这件作品的评价是：外形超大、烧制完美、颜色艳丽、保存完好；单就这件作品本身的功力来看，已经超越了乾隆官窑时期的作品。

需指出的是，这款古月轩敞口瓶是王习三在1963年末至1964年初烧制的。现在来看这件作品，瓶身外形类似观音瓶，但瓶口外敞，这也是敞口瓶名字由来的所在。敞口瓶通身以粉彩烧制的各色花卉装饰。瓶颈口一圈包围着四季花卉：春天是盛开的牡丹，寓意繁荣富贵；夏天是娇艳的荷花，代表了出污泥而不染、濯清涟而不妖的圣洁；秋天是傲霜的菊花，代表高风亮节；还有冬天的山茶花，暗含朴实纯洁的寓意。瓶颈和瓶身交接处装饰如意纹。瓶身上部，两条绶带环绕。其中一条翱翔于空中，身形飘逸。绶带下面是盛开的月季花和太湖石，寓意富贵绵长。另外一条绶带置于秋枝之上。转头回望枝下蝴蝶翻飞，表情生动。从中可以看出大师对于神情的刻画，已经入木三分。蝴蝶下是开着金针花的萱草。萱草忘忧，与太湖石相配，子孙满堂，富贵长寿。瓶底装饰同款如意纹。底款：乾隆年制，[①]蓝色釉双边框。吉祥图案是皇家陶瓷的主题。整体是春秋长寿图，寓意吉祥、幸福、长寿、百年好合、子孙满堂。从烧造到拍卖已经过去了45年，

王习三作古月轩款珐琅彩敞口瓶

但作品鲜花的颜色依然绚丽夺目，与绿叶之间层次感分明，线条流畅。可见烧造工艺之精湛。

古月轩（料胎画珐琅）是“冀派”内画的姊妹艺术，跟叶家兄弟学徒时，王习三先跟叶晓峰学烧制，后又跟叶菶祺学画古月轩。在1962至1964年近三年时间，尤其是1963年，他把主要精力都花费在学烧制古月轩上。古月轩敞口瓶的烧制也说明王习三在这项工艺的掌握上已经达到炉火纯青的地步，烧成以后，他的老

① 笔者按：为制造仿真效果，王习三题此底款。

师叶摹祺给予了高度的评价。然而，由于历史的原因，王习三被迫放下了熟知的“古月轩”工艺的制作，等到再次烧制“古月轩”时，已经是1978年了，距离他烧制这款敞口瓶的时间已达近14年之久。

1977年冬天，王习三去北京看望恩师叶晓峰的夫人——师母张俊英，老人家珍重地交给他一包祖传的进口珐琅彩和几个古月轩壶坯，意味深长地对他说：“你师傅临终时对我说：‘我有习三这么个徒弟，也算没白教，死了也瞑目了。你把这些东西好好给他留着，他多咱[①]来时交给他……’现在好啦，希望你把师傅的东西发挥出作用来……”

当年和师傅一起烧制“古月轩”情景的一幕幕在王习三脑海里浮现，恩师情重，师恩难报啊！就算是对九泉之下师傅们的一个安慰吧。1978年，王习三经过一段时间的精心筹备，决定正式在特种工艺厂恢复“古月轩”的烧制。

所谓“古月轩”，又称“料胎画珐琅”，是指一种清代的工艺美术品，始于清代康熙年间，是清代珐琅彩器物的通称，它以珐琅彩在坯胎上施以彩绘，经高温烧制而成。古月轩坯胎有瓷胎、玻璃胎、铜胎、金胎等种

① 笔者按：方言，意思为“以后”、“什么时候”。

类，其中尤以料胎为最珍贵，近年来便有人提出瓷胎画珐琅才是“古月轩”的新说。过去因其工艺难度极高，所以只在皇家御窑中制作极小的器具，如鼻烟壶、烟碟等。“古月轩”鼻烟壶成品工艺精良、图案别致、多配以两句或四句小诗，器物上还有“古月轩”三字款式和烧制年代。它集诗、书、画于一体，堪称清代工艺品中的佳作，至今仍受到人们的青睐。古月轩瓷胎鼻烟壶，其胎质、样式、画工、选材、设色、题句、印章、年款，无不为美术工艺之上乘。

关于古月轩的来历，众说不一，大致有以下几种说法：其一，古月轩属于乾隆之轩名，画工为金铖，字旭映；其二，乾隆时期有一位姓胡的工匠，精于在料器上绘画，工艺精美，乾隆御制瓷器仿用了胡姓工匠的绘画工艺，故名之为“古月轩”瓷器；其三，古月轩是清代所有皇帝的轩名，并不专属乾隆，历代生产的精品都收藏于这里；其四，古月轩是清代康熙、雍正、乾隆三朝生产的瓷胎画珐琅制品的统称；其五，古月轩是雍正、乾隆时期豪富之家仿制宫廷御制珐琅彩的私款，后来宫中的珐琅彩器物散佚出宫，有人见与“古月轩”仿制品相似，便以“古月轩”称呼；其六，清代乾隆时期，苏州人胡学周在自家设一小窑，生产瓷质鼻烟壶等，非常精美，他见人人夸赞，便得意地自号“古月轩主人”，乾隆南巡看见后很是喜欢，便将胡学周带回北京，让他管理御窑，生产制作鼻烟壶，落款为“古月轩”。据目前所见实物和史料，可以断定古月轩不是乾隆或清代皇帝的轩名。古月轩也不是某位胡姓工匠把姓一分为二，即使真的有某位工匠制作料器或瓷器相当精美，大清皇帝也不会纡尊降贵把他的轩号移植到宫里。再说，古月轩器物不仅有料胎彩画，也有瓷胎彩画和铜胎彩画。可信线索为，古月轩原是清代中后期某位收藏家的“斋”、“室”或书房名，以收藏珐琅彩器物而闻名，故后人称珐琅彩器物为古月轩。古月轩鼻烟壶是乾隆时期生产的各种鼻烟壶中最具代表性的。由于极度费工，乾隆以后基本销声匿迹。民国时期，内画大师叶仲三，带领他的儿子叶菶祺和叶晓峰开始仿制古月轩珐琅彩，所用珐琅彩、料胎都与乾隆古月轩时期的材料一样，加上叶家精湛的画工，作品与古月轩作品真假难辨。

“古月轩”的烧制难点主要在于釉色温度和料胎的熔点几乎是一致的，这就要求匠师严格掌握炉温和料胎薄厚。而且一件“古月轩”成品要经过数次着色，反复彩烧，稍有不慎，便前功尽弃。仅上文提到的那款王习三的敞口瓶，就历时两个多月的制作过程，烧造达 5 次以上。过去生产都是老艺人用特制白木炭煨火烤制。难度大、成品率低也是这种工艺在乾隆后便濒于失传的最主要原因。王习三记得师父在生前说，烧制这种产品，要用京西出产的六道木的炭火烧，才能保证质量。但是，从哪里去找六道木？并且对于工厂式生产来说，这显然是不现实的。王习三决定使用焦炭烧制“古月轩”，产品起初是根据收购不多的“古月轩”产品和仅有的“古月轩”鼻烟壶的照片重新仿制的。

王习三对弟子们一如既往地口传身授“古月轩”技艺，毫无保留。他选定徒弟刘和平为助手，共同烧制古月轩。刚开始，他们盘窑垒灶，用焦炭试烧。几次点火，几次失败。火候大了，料胎炸裂，变形；火候小了，釉彩不熔化，画不沾瓶，没有艺术效果。偶尔成功的作品也并不能让人满意，在质量上距离“古月轩”的真正货色还有很大差距。真正的“古月轩”颜色鲜艳，烧出的珐琅，蓝色部分得有亮光，它的朱红色能够达到血红。为了最大限度地和真品接近，制作出风格艳丽、华贵而纤巧的古月轩鼻烟壶，王习三动了不少脑筋。后来，王习三大胆做出决定，改传统的炭炉烧制为电炉烧制，他改制了一个圆形熔炉，通上电，用电代替木炭。后来，因为看火候时需要时常关闸开闸，他又琢磨着装上了仪表。又经过一番试验，终于掌握了火候，成功率达到了85%。

电炉的使用大大加强了温度的可控性，烧制出来的

“古月轩”鼻烟壶真正达到了以假乱真的效果。结合电炉的使用，王习三和他的弟子们创造出了一套新工艺，不仅使古月轩这一传统的产品恢复投产，而且大大提高了成品率，增强了艺术效果，在国际市场上引起震动。有不少收藏者认为，王习三的“古月轩”，无论是在工艺水准还是艺术手法上，都已经大大超越了他的先辈。

二　再造“百子图”

“创新”是艺术进步的灵魂，也是艺术进步的推动力。在王习三内画艺术的前进道路上，始终离不开“创新”两个字。透过他的观念来看，首先是题材创新。由于工具和技法的进步，为题材的创新开辟了良好的基础，加之内画载体晶体材质的特殊性，一些外画不能表现的技法和题材却在内画方面能得心应手地发挥。内画艺术的题材十分广泛，只要充分发挥聪明才智，完全可以在题材上为内画艺术另辟天地。事实上王习三学习内画的早期就显露出了题材上的创新性。其次是风格创新。王习三认识到，风格的独特性是内画能否登上大雅之堂的关键因素，只有从艺者自身奋发图强、刻苦学习，提高文学、审美学、美术理论和美术表现形式等多方面素质，才能真正地成为风格创新的人才。他是这样认识的，也是这样做的。王习三在内画艺海的追求中，敢于标新立异，不断创新，20 世纪 60 年代就把从来未见于烟壶的狮、虎、马、猫引入壶内，落实政策工作后又恢复了属于外画壶的“古月轩”和内外画结合壶等新品种，画面题材更趋于广泛，诸如长城、颐和园、北京故宫、正定大佛寺等名胜古迹皆入于壶内。在内画技艺技法上，王习三更为精益求精，他的作品多次获奖，名扬天下。五大洲几十个国家和地区都有王习三作品的收藏者，在美国，他的作品被称作“无与伦比的瑰宝”，而在日本出版的《中国鼻烟壶》一书中，又把王习三的作品誉为“各国多数艺术家所公认的艺术顶峰”。这位正值中年的国家工艺美术家，为我国内画艺术赢得了世界性声誉。

1979 年，王习三创作并完成新意“百子图”，该作品立意新颖，独具一格，获当年的轻工部优秀作品奖，现已作为国家重点文物艺术品被珍藏起来。

新意“百子图”鲜明地展示出了王习三在艺术上的探索与创新。他把传统的年画题材引入内画创作中，一改过去“百子图”画面构图，将传统画面小孩的嬉笑打闹等姿势加以创新，精心构思了一群娃娃弹琴、下棋、读书、作画、习字、练武、打秋千、捉迷藏、抖空竹、攀梯子等造型。并题了一首小诗：“儿时莫虚度，勤习效国术，赫赫栋梁材，昭昭青史著。”这样，图画的主旨不再浅显平庸，而是别具一重深意。新意“百子图”

一方面不失“百子”的多子多福之意，体现了我国几千年的古老文明，同时又告诫观赏者珍惜大好时光，寓教育意义于艺术享受中。

新意“百子图”中的百子，形态各异，呼之欲出。在鸡蛋大的小壶的正反面，一百个天真活泼、造型各异的古代娃娃，千姿百态，生气勃勃，使人感受到一种活泼可爱、纯真无邪的童稚情趣。

观赏过王习三“百子图”的人无不惊叹，方寸之间能画出一百个儿童，或动或静，形态各异，且各具神情，这需要创作者付出多大艰辛的劳动啊！100个小孩儿，每个小童的头如芝麻粒儿大小，作画时一定要屏住呼吸，否则哪怕是手略微一抖，都会“失之毫厘，谬以千里”。精妙绝伦的艺术创作同样受到国内外艺术家的交口称赞。艺术上的成功也显现在经济价值方面，当时的国际市场上，王习三画的“百子图”，已有人甘愿出价1万美元购买。

王习三的新意“百子图”和新时期人民群众日益增长的文化需要是相契合的。随着人们的欣赏能力不断提高，对工艺美术品的艺术欣赏水平也越来越高。“百子图”的设计正是为了满足和适应这种需要。“百子图”的整个画面和诗句使人感到了工艺美术大师对祖国未来的美好憧憬和无限向往，在为新时期内画创作开启新天地的同时，也启迪日后的冀派内画艺术家们始终保持着与时俱进的步伐，创作出更多、更好的人民群众喜闻乐见的艺术珍品。

三　邂逅沈从文

一个人的光荣，莫过于亲眼看到自己的劳动成果被人民群众所分享，而群众的赞誉则是对劳动者最大的褒扬。多年的努力奠定了王习三崇高的艺术地位，他也因此光荣地被省政府推选为代表，得以参加1979年的全国工艺美术艺人、创作设计人员代表大会并受邀发言。在这次工艺美术事业的盛会上，王习三获得了“中国工艺美术家”的荣誉称号。也正是在这次大会上，他遇到了文学大师沈从文，并有幸与沈从文先生结下文字缘。这次结缘很大程度地鼓励着王习三，促成着王习三在内画事业上步入辉煌。

按照会议议程，代表们要分组进行讨论。在参加大会小组讨论时，王习三得知与心仪已久的沈从文先生在一个小组，兴奋之情难以言喻。沈老的名字他耳熟能详。还记得中学时，正是受了沈从文小说的感染，王习三曾萌发了当名作家的“宏愿”。更让王习三钦佩的是，离开文坛后，沈老一直在故宫博物院和中国历史博物馆工作，在中国文物研究方面取得了斐然成果。而王习三的鼻烟壶恰恰和文物有着扯不开的联系。沈从文的学生——著名作家汪曾祺撰文《沈从文转业之谜》中提到，沈先生之所以有如此成就，是因为他“能把抒情气质和科学条理完美地结合起来”。这也是王习三对沈老产生由衷敬意的一个方面。

小组发言时，沈老提到了故宫的精美工艺品和早年藏品失窃的事，其中讲到了鼻烟壶。机缘巧合，王习三这时刚好坐在他的身边。鼻烟壶自然成了他的关注焦点。听罢沈老发言，王习三迫切想了解更多故宫内鼻烟壶的情况，随即冒昧地写了张便笺：“沈老（从文先生）：请您把上次讲的关于‘盗烟壶’之事的大约时间、地点等情况简写一下。”沈老抬头面对王习三谦和地一笑，随即用手指了指大会发言材料，意思是已熟知王习三的情况。这令王习三特别激动，他感到一股暖流在自己周身涌动。沈老用流畅潇洒的文笔给王习三做了详尽解答，顷刻就写满了六页便笺。这六页文字，王习三视为最珍贵之物，一直精心珍藏了23年。直到2002年中国现代文学馆新馆建成后，在随部分全国政协委员前往参观时，考虑到馆藏沈从文墨宝最少，王习三深感由现代文学馆来保存这份珍贵文稿更为妥善，也更有意义，于是，就亲手把它呈给了文学馆馆长舒乙先生。舒乙先生大为惊喜，作家刘屏在《人民日报》海外版做了报道后，遂成一段文坛佳话。后来，万卷出版公司在出版沈从文博古春秋系列图书之《玻璃史话》中，首次在出版物上将沈从文写给王习三的手札影印件全文发表，为研究沈从文和王习三提供了难得的史料。

王习三说，从沈老的一个举止中，他体会到：一个有责任心和诚敬态度的人，他的人生和事业发展的成绩，是可以期许的。

参加盛会归来，王习三带领众弟子继续着冀派内画艺术的创业。在繁忙的工作之余，他时常会在灯下研读沈从文写给自己的便笺。沈从文的书法在文坛很有名。他写的那些便笺，风霜凝结于上，笔迹里有一种让人思索不已的韵致和期待！从字里行间，他感受到一股静气扑面而来，在笔墨的安澜之下有着情感的波涛。沈从文历经坎坷，却只是笑把浮名让与世人。从沈老的为人处世、著书立说之中，王习三感觉他那淡泊、超然、绝俗以及无比孤傲的精神气质，这使他获得了莫大的心灵滋养和人格培植。

在进行内画题材创新时，王习三从沈老写给他的便笺中，获得了创作灵感。沈从文写道：如提及内画题材，我的工作组，倒有条件为你提供一系列资料，如有需要不妨试作一组形象材料，如商、西周、春秋战国、西汉、东汉、六朝、北朝、隋唐、五代、两宋、辽、金、元……这指每一代男女图像。还有，如《赤壁图》、

《兰亭雅集图》、《唐人会乐图》、唐、宋、明人打马毬图，儿童画类也有几十种可供参考。我主观估计，大都对你工作重要。正是这些真知灼见，催生王习三创作了“清代帝后像”、“历代明君图”等代表作品，广为海内外收藏家瞩目。

与沈从文先生一样，自始至终，王习三在文艺生涯中，一直是出于对民族、对民族历史和文化的深爱。王习三的内画艺术创作、文物研究，都浸透了爱国主义的真情实感。也正是如此情感的勃发，成就了王习三大师日后内画创作事业的辉煌！

第三节　肖像内画的最高峰

王习三曾撰文指出：内画被海内外视为鬼斧神工的艺术，而冀派肖像内画在内画技法中是最难掌握的一种工艺。其原因有三：一是肖像内画的载体一般较小，大件肖像内画的头脸也只有 2 ～ 3 厘米大小，在磨砂的载体面上，根本看不清笔尖的情况下要画出十分准确的面孔来必须有过硬的本领，否则“差之分毫，失之千里”；二是肖像内画不仅要画得像其本人，一件精品还需把所画人物的神髓画出来才算是上乘之作，这就更难了；三是王习三首开“内画油彩肖像之先河”并取得成功后，现代肖像内画多采用油彩着色，但由于晶体的内壁不像纸或布那样能吸油，油剂极易向四周蔓延，从而破坏绘画效果，所以至今既能把肖像画得形神兼备，又能把油控制得恰到好处的肖像内画艺术家仍屈指可数。

王习三对肖像内画自始至终都有着深深的偏爱，这种情感产生自对近代中国著名老艺术家的学习和研究中。内画艺术史上的肖像内画高手当属马少宣先生（1867—1939），马少宣先生的内画肖像多为墨彩的黑白像，他不仅在形象上刻画准确、栩栩如生，而且墨色深浅浓淡变化丰富，所以深得清末民国初年达官显贵的青睐，甚至不少外国人也十分推崇马老先生的肖像内画；如德国国王和王后像等。受马少宣影响，1960 年王习三开始研究肖像内画，先后画过中国古代四大科学家——祖冲之、张衡、僧一行、毕昇，中国历代名医——华佗、李时珍、张仲景等内画作品。王习三在墨彩基础上略施淡色（中国画色），创出自己的风格，受到收藏家的好评。现在，内画界的人都知道，冀派内画艺术家在肖像画的创作方面具有独特的优势，当代内画肖像创作的“第一人”就是冀派内画创始人王习三大师。重新得到创作权利的王习三把肖像艺术创作提高到了一个新高度。王习三所创作的肖像题材作品，广为海内外收藏家所关注。在王习三的带领下，冀派内画艺术家人才济济，冀派内画的肖像画无论在造型、传神、色彩、技法、构图等方面，都确立了鲜明的风格。

“一个兵马俑是一件非常精美的艺术品，如此而已；一系列的兵马俑就给人一种浩荡的、扣人心弦的气势”，王习三如是说。王习三改造了内画内容，在题材上、技法上努力取得突破。他将历史题材融入烟壶的创作，先后绘出了一系列历史文化名人肖像。这种带有历史缩影性质的大型系列烟壶，是我国内画史上的又一创举。在王习三的内画鼻烟壶作品中，他最得意的三套系列内画鼻烟壶——“清代帝后像”、“美国历届总统像”和“中

1981 年于衡水特艺厂

国十二朝代名君国宝图”代表了内画创作的最高峰。这三套肖像系列内画作品扩大了内画艺术原本有限的题材容量，成为千金难求的艺术精品。从这三套内画鼻烟壶中，我们也可以看到王习三继承、发扬、探索内画艺术的人生轨迹。

一　集传统内画法之大成：“清代帝后像”

传统鼻烟壶上的内画以国画为主，水彩作画，自然追求“意境之美”，呈现出浑厚、古朴、典雅的风格。冀派内画继承叶仲三父子的绘画传统，又揉进了鲁派细腻流畅的传统风格，并把国画的皴、擦、染、点、勾等技法引入内画，运笔灵活，快、慢、轻、重、提、按、转、折等相辅相成，将国画技法发挥得淋漓尽致。王习三的第一套系列内画鼻烟壶作品“清代帝后像”创作于1978年到1979年。“清代帝后像”为墨彩肖像，可说是集传统内画创作技法之大成。烟壶选用一色精品玻璃壶，以中国传统的单线平涂肖像技法作图，根据五官、肌肉、骨骼和服饰的不同，精确地线描定位；绘画中勾线和皴擦有轻有重、有深有浅、刚柔相济，藏锋露锋、转锋倒锋、卧笔挥洒自如。该系列作品由从清太祖努尔哈赤到末代皇帝溥仪12位皇帝、10位皇后组成，人物肃穆淡雅、眉目传神，气韵生动。把清朝22个皇帝和皇后画入壶中，这在内画史上也是个创举。

清代鼻煙壺
INSIDE PAINTED PORTRAIT SNUFF BOTTLES
EMPERORS AND EMPRESSES
OF THE
QING DYNASTY
ARTIST
WANG XISAN
AGATHA ARONSON COLLECTION

1981年，“清代帝后像”系列烟壶在美国纽约罕蒙德博物馆展出后，《纽约时报》、《前进周刊》等大报刊和一些著名学者发表评论文章，说他的这套作品是“十分重要的具有历史意义的记录”，是“无与伦比的瑰宝”。

1982年，这套“清代帝后像”系列鼻烟壶被美国佛罗里达州的收藏家阿加莎·艾伦森女士以12万美元的价格购得收藏。当时阿加莎·艾伦森女士已年过半百，可是她收藏鼻烟壶的热情，却像个执著的任性的孩子。为了得到一个乾隆御制的宫廷黄的鼻烟壶（这种宫廷黄的制法今已失传），她曾经耐着性子和拍卖人泡磨了三天，并卖掉了自己的貂皮大皮。她认为，鼻烟壶是集中国艺术之大成的微型艺术品，从中可以窥见激动人心的、富于魅力的具有5000年文明史的中国文化。当时，她收藏的鼻烟壶已有400多个。1981年5月，阿加莎接受邀请去旧金山参加第二届特伦德古玩展览会，在那里欣赏到了王习三创作的溥仪与婉容的内画肖像壶。一见之下她就爱不释手，下决心把它买了下来。这是阿加莎获得的王习三的第一个内画肖像壶。该壶于同年11月在檀香山举行的国际中国鼻烟壶协会第十三届年会上被评为最佳展品。阿加莎听到这个消息异常兴奋，蹦跳着欢呼起来。她跑到王习三面前，激动地和王习三拥抱、亲吻。从那时起，这位娇小、充满活力的美国夫人，就下定决心，一定要出巨资购下王习三创作的清历代皇帝皇后系列肖像。当时这套壶在北京，为了保证自己能买到这套壶，阿加莎随王习三特意去找中国工艺品进出口公司的翻译往北京打电话，以便能尽早定下来。

第二天，当阿加莎迫不及待地去见王习三时，王习三告诉她，北京方面已同意将“清代帝后像”卖给她。阿加莎开玩笑说：“我必须卖掉我的房子才能付清账。”王习三大笑起来，说：“别这样，我和王先生（中国工艺品进出口公司翻译）还要访问您和欧文[①]先生呢。房子卖掉了，我们不是没地方住了吗？”在场的人全乐了。得到口头允诺后，阿加莎仍然不放心，又下了一笔数额巨大的定金，并商定6个月内完成这笔交易。即使这样，阿加莎仍然心神不定，常对丈夫说：“能否得到这套壶，我们还是没有把握。”阿加莎得到这套壶的急切心情可见一斑。需知，阿加莎是在不仅没见到这套壶，甚至连这套壶的一张照片都没见过的情况下就做出重金买下这套壶的决定的。这足见王习三的艺术作品在外国收藏家心目中的地位。

阿加莎夫妇焦躁不安、六神无主地等了整整6个月，才得到发自北京方面的电报。电报确认了这项交

① 笔者按：欧文为阿加莎的丈夫。

易，并邀请他们访问中国。阿加莎欣喜若狂，收到电报仅 4 天就办好了签证，并动身前来中国。为了购买王习三制作的绘有清代 22 个帝、后头像的系列鼻烟壶，她变卖了首饰。阿加莎夫妇为拥有被行家们称为“无与伦比”的系列鼻烟壶感到异常骄傲，逢人就展示这些鼻烟壶的照片，夸个不停。正是这次访问，使阿加莎夫妇对中国有了初步的了解，对中国的艺术也产生了更浓厚的兴趣。他们在《中国的奥德赛——一个鼻烟壶收藏家的梦想实现了》一文中写道：“我们看到了中国及其艺术。但中国的奥德赛永远不会完结，中国的梦永远不会被人彻底认识。我们知道，我们还得再回到那个国家去。”

国际中国鼻烟壶协会主席约翰·福特称这套作品是“不朽的杰作”，并给作品的收藏者写道：“幸运地拥有一位大名鼎鼎的画家所绘的一套无与伦比的鼻烟壶，你们一定会有种真正的成就感和自豪感。”阿加莎·艾伦森女士曾将这套鼻烟壶在美国纽约罕蒙德博物馆、北赛伦的哈蒙德博物馆和国际中国鼻烟壶协会第十四届年会上展出，引起了轰动。

二 “油彩内画技法”的应用：“美国历届总统肖像”

“美国历届总统肖像”是王习三的第二套系列内画烟壶，是在“清代帝后像”烟壶的基础上又有所升华和创新的创作。这套由 40 个漂壶组成的系列作品绘有美国自华盛顿到老乔治·布什共40位总统[①]的肖像。内画大师准确掌握了一个个人物的内心风貌，以精到的笔触在鼻烟壶内壁呈现出国外领导人的丰神美仪，做到了性格毕现，广受赞誉。“总统像”采用了完全不同于“清代帝后像”的创作手段。乍看去，它更贴近油画风格，色彩鲜艳，明暗关系更富于变化，色调明快。事实上，作品以中国肖像之勾线平涂法为主，面部着色吸取了西方油画技法，突出光线变化，使画面柔和细腻，人物不仅古朴典雅，而且气质超凡，更加传神。这洋溢着创新的杰作，让王习三在国际学界具有了极高的声望。

“美国历届总统肖像”的创作是建立在王习三发明“油彩内画技法”的基础之上的。“油彩内画技法”被誉为“中西合璧”的创举，是王习三对冀派内画的又一重大贡献。而今，冀派内画以肖像画驰名中外，一个重要的原因就是他们创新立异，采用了“油彩内画技法”。选用西方的油画技巧绘制的人物肖像惟妙惟肖，神态逼真。

100多年来，内画一直是沿用国画手法进行创作的，其颜料一是墨，二是国画色。20世纪80年代以前，尽管王习三掌握了很多高超、娴熟的绘画技法，但基本上

---

① 笔者按：条件所限，缺少格罗弗•克利夫兰的肖像；乔治•布什肖像为后来补做。通常将这40位总统肖像统一表述，目前展品也是此40件。

没走出国画的圈子。中国画有着悠久的历史，早在公元前数百年的春秋战国时代就已经发展成熟。中国画强调“外师造化，中得心源”，要求“意存笔先，画尽意在”，做到以形写神，形神兼备。这些方面王习三都实践得很好，一直觉不出它的弱点。但 1981 年，一次一位外国朋友的订货使他注意到，与西方油画相比，传统绘制肖像方面存在不足。这位外国朋友指名画宗教题材《耶稣像》。王习三照老法画了，色彩、明暗却达不到预期的效果。如何使鼻烟壶的内画更具表现力，王习三苦心求解。他尝试用油彩作肖像内画，以期达到形象逼真、光线自然的效果。但是，由于壶壁不吸油，上色后洇成一片，原有的内画笔也耐不住油彩的皴染。这条路看来是不可行的，但艺术家天生的执著和推动内画艺术前行的责任感促使着王习三反复实验，一种方式不行就另一种，另一种也不行就再改进，再不行就设法用上固定剂，经过反反复复多次试验，王习三终于摸索出合适的油彩浓度，创作了外国朋友喜爱的内画《耶稣像》。

这次成功，使王习三深受启发。他对内画艺术进行大胆探索，将西方油画技法引进内画，不用墨线勾勒，而采用明暗过渡、投影等西方手法，这样就形成了一种中西合璧的新技艺，也就是冀派内画独创的“油彩内画技法”。“油彩内画技法”结束了中国内画画不了油画的历史，把内画引入到一个崭新的天地。油彩内画技法成功地融入内画创作，打破了传统单一水彩作画的局限，使内画的图、形、神均达到炉火纯青的地步。

“油彩内画技法”为“美国历届总统肖像”的创作做好了技术上的铺垫。但促使王习三萌生“美国历届总统肖像”创作构思的，却是发生在1981年的另外一件事——王习三第一次出国了。这其中，还发生了两段小插曲，熟悉王习三的人谈起来，都是津津乐道，这两件事也成为王习三以后生活中的美好回忆。从这两件事情中，我们也可以深切体会到艺术大师独具的魅力和人格的伟大。

1981年，美国通用大西洋有限公司董事长菲林，在檀香山的威基基海滩创办了“大西洋中美友谊工艺品商店”，主要经营中国的工艺美术品，1981年11月致函邀请王习三到檀香山参观、表演。为了促进中美两国人民的友谊，外贸部派王习三飞赴美国夏威夷，参加了友谊商店的典礼。

11月的北京，秋高气爽，万象更新。王习三动身的那天天气格外的好，能够把民族的内画艺术拿到世界人民面前展示，也让王习三感到格外的兴奋。万里晴空一碧如洗，预示着王习三首次出国的顺利。

飞机从北京机场起飞，按照飞行航线，飞机起飞不久首先降落在日本东京的羽田机场。飞机要在这里停留两个多小时，加油休息后，再飞往檀香山。在这里，王习三意外地碰到了一个崇拜者，他是机场的日本官员。事情很有戏剧性，当王习三与翻译走出机场，来到候机室，刚想找个地方休息一会儿时，机场服务人员领着一官员着装的人快步迎上前来，彬彬有礼地问他们哪位是王习三先生。王习三忙迎上去："我就是。请问你们是……"没想到官员着装的人一听他是王习三，马上深深地冲他鞠了一躬，说："您好，王先生。"并请王习三及随员到贵宾室休息。机场服务员告诉王习三，这是机场的官员，平时特别喜爱内画艺术，得知内画大师今日路过此地，赶忙来冒昧求见。

盛情难却。王习三随着主人来到贵宾室。主人忙拿出各种各样的点心、饮料，热情款待王习三一行。席间，主人对王习三的内画赞不绝口，并说："久仰王习三先生大名，今日得见，实乃三生有幸。"第一次踏出国门的王习三，万万没想到中国的内画在国外有如此大的影响。作为一个内画工作者，王习三为祖国的工艺事业感到无比自豪。他暗暗下定决心，一定创作出更多更好的内画，弘扬内画艺术，为增进各国人民之间的了解和友谊，贡献自己的力量。

在美国期间，王习三切切实实体验到了美国人民对中国人民的深情厚谊，希望自己能够为两国人民间的友谊做点什么的想法更为强烈，“总统像”的构思就是在此期间形成的。王习三认识到，几天来，自己对这个陌生的国度已经有了初步的了解。它之所以能在短短的200年的时间里，成为一个经济高度繁荣、科技高度进步的国家，有很多经验可供借鉴和学习。应该把美国的历史介绍给人们，让人们增加些知识，增进两国人民的相互了解和友谊……就这样，一个大胆的想法跃然脑际——把美国历届总统画到壶里。王习三为自己突然发现的内画创作题材激动不已。在美国的10多天时间里，他已经开始有意识地搜集美国总统的资料，为自己的创作做准备。

另一段小插曲发生在“大西洋中美友谊工艺品商店”的典礼大会上，王习三在那里应邀作了内画表演。这一天，他早早来到友谊商店，做此次美国之行的最后一次内画表演。人们为王习三的精湛技艺所倾倒，他们惊奇着、称赞着。他简直就是一个东方神秘莫测的魔术师，不，比魔术师还要高超、伟大。人们如醉如痴，久久地围观着，直到王习三结束表演，开始收拾画笔用具时，才恋恋不舍地散去。在围观的赞叹不绝的众人中，有一位侨居美国的泰国裔姑娘，她始终站在一边，舍不得离开。10多天来，凡有王习三的内画表演，她一场不漏，越看越喜欢，简直到了着迷的程度。

最后一次表演结束了，姑娘快步来到王习三面前，激动地说了几句英语。王习三愣住了——他不懂英语。

旁边一位华侨自告奋勇担任翻译。原来，姑娘是向王习三求爱的，说只要王习三肯留在美国，她就嫁给他。姑娘的原话大致如此："凭你的才华和杰出的艺术成就，在美国会发大财的，每月能拿一两万美元，还可以当教授、办企业，用不上几年，就可成为百万富翁。你留在美国吧，我可以与你结婚，做你的终身伴侣。"这位姑娘自己也是搞艺术的，对王习三的内画艺术已经崇拜到了以身相许的地步。确实，王习三高大的个头，堂堂的仪表，又有如此高超的内画技艺，确实是有才有貌、不可多得的如意郎君。姑娘产生了强烈的爱慕之情，几次想上前吐露，无奈观者如云，机会难觅。最后一场表演结束了，也许这位杰出的艺术大师，明天就要离开檀香山，飞回东方神秘的古国。也许此生此世，再也没有机会见到他。机不可失，错过了今天，可能就再也没有见面的机会了。于是她鼓起勇气，大胆地向王习三表白了自己的爱情。

王习三可没有想到会有这通突然的情感表白，东方人的含蓄和西方人的直白产生了激烈的碰撞，他感到自己的脸"腾"的一红，但他还是很快地镇定下来。王习三对她的深情厚谊表示感谢，但明确说自己不能答应她的要求。因为他已经有了可爱的妻子，活泼的孩子，他不能离开他们，更不能离开生他养他的祖国。时至今天，王习三回忆起当时面对的情景，依然会思潮起伏，感慨万端。“在美国是可以发大财，得到高级别墅，小轿车，可以得到年轻女郎，满足个人的一切私欲。但我想，虽然我们国家目前经济还比较贫穷落后，但祖国是哺育我成长的母亲。更何况我国有10亿勤劳智慧的人民，有几千年的古老文明史，又有着优越的社会主义制度和党的英明领导，特别是有党的十一届三中全会路线的指引，我们的国家一定会振兴起来，走在世界前列。我是一个中国人，炎黄子孙。现在党这样信任我，我怎能为个人的利益抛弃自己的祖国呢？”他说：“我是中国人，就要用自己的才智，为中国人争光添彩。”王习三对祖国对人民始终怀着一颗拳拳的赤子之心。赤子之心对祖国的忠贞是不会有半点动摇的。对祖国对人民一片忠诚的王习三，在多次出国过程中，一次又一次谢绝了各种物质、地位的诱惑。

王习三显然丝毫没有受到上面的小插曲的影响。他已经决定要实现自己艺术生涯中的一个重要目标，就是创作烟壶史上空前的大型系列内画烟壶。回国后，他迅速召集弟子，加快进行“总统像”烟壶的前期准备工作。同时，王习三还在继续到处搜集有关美国历届总统的照片、画像和本人签名等有关资料。他跑遍了北京的大书店，还跑到新华社国际部去查找资料。又用了近半年时间，才基本上找全了他们的照片和各自的签名。他详细阅读有关美国历届总统的形象资料、传记、评论，对每个人物的形象乃至神态都做到揣摸透彻，以求进入创作时能做到成像在胸，落笔准确，一气呵成。

立意高雅、画工精美、创意独特的内画作品，再加上材质名贵、做工精细的鼻烟壶作为载体，珠联璧合，相得益彰，那它的艺术价值就会陡然倍增。经过仔细的选择、比较，王习三决定选用上等的天然水晶做烟壶壶坯，并决定把它们做成工艺水平极高的“水上漂”款式。所谓“水上漂”是指烟壶壁磨得很薄，最薄的地方只有一毫米厚度，壶身因此变得很轻，放在水里可以浮起来。这需要极高超的磨制工艺。由一块高档水晶（或玛瑙、人造水晶等硬度在 8 度的材料）磨制成一件造型完美、薄厚匀称的鼻烟壶，要经过选料、设计、开料、整形、打眼、扩膛、掏肩、揉细、抛光、内壁磨砂等十道工序。一件高级“水上漂”烟壶，高级技工要用一个星期左右的时间才能完成，所以，一个未经内画的水晶烟壶本身就是一门艺术，在拍卖会上也要在几万元左右。所以光 40 件水晶素壶本身就是一批难得的珍品。

鉴于当时国内能作“水上漂”烟壶的高级磨工所剩无几，王习三决定亲自动手进行“水上漂”烟壶的磨制。从1981开始，他指导学生经涛、王振刚和任荣平用一年多时间，磨制出40个造型一致的“水上漂”式水晶鼻烟壶壶坯。素壶给人以晶莹、华贵、统一、庄重的气质。

在大量有关美国总统的资料做参考的基础上，1982年，王习三开始定稿绘画，所使用的就是“油彩内画技法”。这位优秀的艺术家对创作精益求精，一边绘画，一边还在搜集资料。直到1984年4月下旬，从前期准备到定稿绘画，再到绘制完成，王习三整整用了近3年时间。一套罕见的内画人像艺术杰作就此在一代大师的笔下诞生了。从华盛顿到老布什的“美国历届总统肖像”系列鼻烟壶，可以说是中国内画历史上规模最大的一项艺术工程。

40件烟壶个个色泽透明，瑰丽无比，华贵典雅的鼻烟壶和美国历届总统的肖像相得益彰。从美国建国的第一位总统华盛顿至当时的第四十一届总统布什的形象跃然烟壶内壁方寸之间，各个逼真，各具风采。就画作来看，整套作品气势恢弘。作品以“中西合璧”的油彩内画技法精工细作，笔锋古朴浑厚，流利细腻；线条刚柔相济，粗细兼施，人物逼真，气韵生辉，可谓鬼斧神

王习三创作的《美国历届总统肖像》

工。肖像下面是作者仿写的各位总统本人的签名，与亲笔无二，艺术情趣倍增。中国著名画家、教育家张仃、康师尧看过这套烟壶后说："能在外面画得很像就不容易。何况这是在烟壶里面。这样小的画面画得这样传神是非常难得的成功作品。"

在包装装潢方面，这套烟壶也大动了脑筋：首先在配盖上原来设计了两套方案：一是用高级玉料翡翠；二是用金、银。王习三在国际收藏学者中听取意见，最后以纯金再饰以黑垫托做成壶盖，从而显得富丽堂皇。在包装上采用分屉红木盒，每个烟壶下还配有一块铜牌说明，这样就使整套作品统一和谐、名贵庄重，同时也便于收藏和携带。

这套美国历届总统像烟壶1984年8月在香港第一次展出就引起“震惊”。香港的社会名流和美国驻港领事馆的官员都给予了高度评价。香港的亚洲电视台和翡翠电视台都在最宝贵的黄金时间播放了现场采访。美国哥伦比亚电视台也专门进行了采访。香港的20余家报纸和刊物都在显著位置做了大量报道，把它尊称为“美国历史的缩影，中国艺术的结晶”。此后，这套作品先后在加拿大、美国洛杉矶和纽约展出。1984年10月，王习三的这套艺术珍品在美国洛杉矶等地展出的时候，观者如云，引起极大的轰动。20多种中、英文报刊发表了评价文章，称这套艺术珍品为“划时代的作品”，赞扬王习三是“毋庸置疑的当代杰出艺术大师”，“鬼斧神工”的“神笔王”。许多收藏家主动提出要以重金购买、收藏这套珍品。美国前总统里根的经济顾问甘敏财在纽约看了展出后，激动地说：“一件小小的艺术品，竟能让人感到这样磅礴的气势，是我有生以来第一次。”他还表示一定要让总统看看。为此，特意邀王习三去华盛顿会见里根总统。遗憾的是因里根临时外出，未能如愿。同年11月，“美国历届总统像”在美国洛杉矶举行的第十六届国际烟壶学会上展出后受到与会会员的很高评价。当地的《国际日报》也专门做了报道。

美国历届总统像
A complete set of American Presidents Portraits
a complete set of american presidents portraits

美国历届总统肖像

1985 年 7 月，全国“工艺美术品百花奖”评选揭晓，一组 40 件的“美国历届总统像”内画烟壶，获“金杯奖”；在 15 件获“金杯奖”的作品中，优中选优，有 8 件巧夺天工的稀世作品被补评为珍品，其中就有“美国历届总统像”。“金杯珍品”奖标志着王习三的这套作品已经成为了“国宝”。在 1988 年河北省经贸洽谈会上一位美国客商曾出价 100 万美元欲收藏。王习三自 1958 年从艺以来先后创作了近 2000 件作品均出口国外，他想使该套力作永久保存而没有出让，现已成为衡水冀派“内画之乡展览馆”的镇馆之宝，供参观者欣赏。

三　肖像系列的巅峰之作：“中国十二朝代名君国宝图”

总结起来，冀派内画之所以能够在 40 多年时间里就发展成在海内外有影响、有艺术特色的文化产业，要归功于创新、坚持走艺术化的道路。王习三说：“凡是外画能画的我们都能画，外画不能画的我们也能画。比如我们可以将国画、油画结合表现一个内容，外画还没有做到这一点。我的第三套系列肖像作品‘中国历代明君图’就是用国画勾线，油画上色的。”

“中国历代明君图”，即“中国十二朝代名君国宝图”，是王习三完成于 1987 年的第三套系列内画鼻烟壶。其上有夏禹王、商汤王、周武王、秦始皇、汉高祖、晋武帝、隋文帝、唐太宗、宋太祖、元世祖、明太祖、清太祖共十二朝君王。每个名君肖像壶背面，都以写实手法绘有该朝代的典型艺术珍品，分别为夏陶盉、商青铜鼎、周虎簋、秦兵马俑、汉铜马踏飞燕、晋王珣伯远帖、隋石佛像、唐三彩骆驼、宋官窑贯耳瓶、元青花红釉花卉纹盖罐、明景泰蓝龙耳瓶、清金玉鼻烟壶。这套作品可说是中国古代历史和文化艺术的缩影。与前两套系列内画鼻烟壶相比，“清代帝后像”采用水墨画法，人物肃穆淡雅；“美国历届总统像”采用油彩画法，明暗关系富于变化，色调明快；这套作品则以中国肖像之勾线平涂法为主，面部着色采用油彩画法，突出光线变化，使画面柔和细腻、浑然一体，艺术手法更显成熟。在外国人眼中，内画鼻烟壶是具有中国传统文化特色的工艺美术，是集中国多种工艺之大成的袖珍艺术品。“中国十二朝代名君国宝图”在旧金山第20届国际鼻烟壶协会年会上一经展出，便引起全城轰动。

“中国十二朝代名君国宝图”承袭了王习三的内画鼻烟壶意境高雅、构思巧妙、色彩雅观、画面严谨的优点。这套作品采用和“美国历届总统像”相同的天然水晶材质，壶坯做得很轻很薄，一看就是典型的“水上漂”技术磨制出来的。壶瓶造型对称、规矩，光度极佳，美观大方，内壁的皇帝肖像绘制得十分精湛，“中

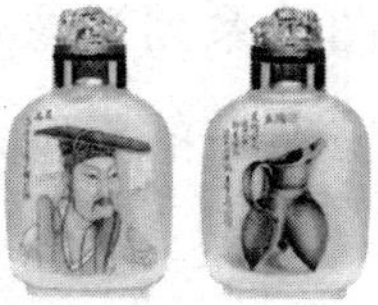

夏禹
Yu the Great of Xia

商汤
King Tang of Shang

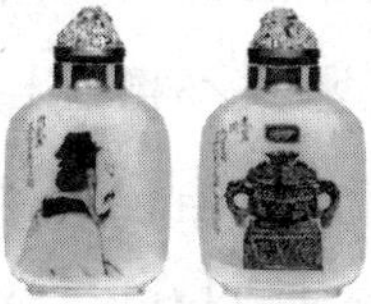

周武王
King Wu of Zhou

秦始皇
Emperor Qin Shihuang

汉高祖
Emperor Gaozu of Han

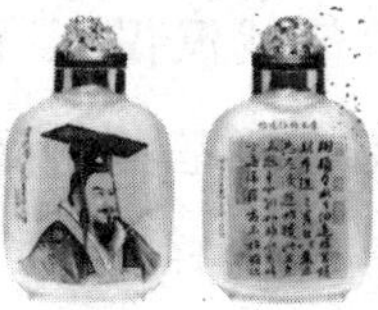

晋武帝
Emperor Wu of Jin

隋文帝
Emperor Wen of Sui

唐太宗
Emperor Taizong of Tang

宋太祖
Emperor Taizu of Song

元世祖
Emperor Shizu of Yuan

明太祖
Emperor Taizu of Ming

清太祖
Emperor Taizu of Qing

中国古代十二朝代名君国宝图

国十二朝代名君国宝图”系列肖像是中国古代历史和文化艺术的缩影，堪称王习三的巅峰之作，曾有收藏家出价300万美元欲购买，无奈大师坚决不肯割爱，而今，该套烟壶的市场价已经高达500万美元。

王习三坚决不再卖自己的成套巨作，并非是想把它们作为宝贝放在自己的“箱子底儿”收藏，而是由于他已经有了自己的想法。卖出去，交给收藏者，那么烟壶的价值就仅仅三五百万而已。自己最好的作品不应该隐匿在收藏室里，而是要发挥出更大更好的价值。他把自己最好的作品留下来，是为了更多的人看到它们，借此宣扬、推广内画艺术。通过中华文化瑰宝的展示，把神奇的内画印在人们的心里，扩大内画欣赏者的群众基础，以此推动内画的传承，真正使这门技艺发扬光大。

2007年6月，集中国一代宗师、中国当代鼻烟壶艺术泰斗、中国工艺美术大师等荣耀于一身的王习三携弟子带200多件当今最负盛名、水平最高的作品来到广州，其中最为引人注目的就是这一套中国十二朝代名君珍宝内画烟壶。这次为期六天的王习三师徒内画鼻烟壶作品展是由广东工艺美术珍品馆首次引进。如今，类似这样的展览王习三已经记不清参加了多少次了，他有理由相信，自己的技艺正逐步实现应有的价值。

第五章　洗尽铅华

第一节　弘扬者

假若仅仅执著于自己的艺术创作，那么王习三最多也就仅仅是一位“艺人”而已，中国传统上的从艺者大多如此。可是，现在我们向读者讲述的是一代宗师，内画泰斗。在他身上，除了艺术上的突破创新、卓尔不群之外，更有弘扬内画艺术的孜孜以求。光大内画艺术，是王习三两位师傅的谆谆教诲，也是他重新获得艺术创作权利后立下的雄心壮志。个人在艺术之路上取得的光辉成就成为王习三弘扬内画艺术的铺路石，借助这块最坚实的铺垫，他把他所创立的冀派内画艺术推向了全世界。

一　中国鼻烟壶研究会

以新意“百子图”内画鼻烟壶的创作为标志，由于在继承光大民族传统艺术上所做的突出贡献，1979年王习三被国家授予“工艺美术家”称号（1988年改称工艺美术大师）。1980年，王习三的内画艺术作品被国家轻工部命名为优质产品和河北省名牌产品。王习三在内画界的声望一时间无人能及。就在王习三想为内画多做些什么的时候，他获得了去美国夏威夷参加友谊商店典礼的机会。这是王习三第一次走出国门，此行除到友谊商店表演内画外，同时要参加“国际中国鼻烟壶协会”年会。这次出国大大开阔了王习三的视野，也更加坚定了他弘扬内画艺术的决心。

如果说，是途中的偶遇和友谊商店典礼上的表演促成了王习三美国历届总统肖像系列烟壶的创作的话，那么，参加“国际中国鼻烟壶协会”则让他意识到，中国应该有自己的鼻烟壶协会。1981年11月4日到8日，在美国夏威夷举行第十三届“国际中国鼻烟壶协会年会”。经过研究，我国工艺表演团借赴美表演的机会以观察员的身份参加了这次会议，目的是为了了解国际上烟壶的研究动态和需求，加强国际交往，不断提高现有烟壶的销售生产水平，为中国的艺术发展做出更大贡献。在会场上，王习三不经意间成为了年会的主角。

中国鼻烟壶以它独特的魅力，饮誉世界，备受各国收藏家的青睐。欧美各国著名的博物馆都珍藏着我国的鼻烟壶，美国芝加哥博物馆1913年出版的《馆藏中国古代鼻烟壶目录》中，就记载着471件之多。有意思的是，“国际中国鼻烟壶协会”就是由各国收藏中国鼻烟壶的专家于1968年组织成立的。入会的条件相当苛刻：一、必须收藏有中国的系列鼻烟壶，只藏少数不行；二、要有比较广泛的中国艺术知识；三、必须按时参加学会的活动；四、必须在学会有关的会议上发表有关鼻烟壶的论文及讲演……当时，各国的会员已达数百人。这个学会的总部设在美国巴尔的摩市，每年选择世界某个城市举行一次年会，届时展出各自收藏的鼻烟壶，然后评选出当年最佳藏品。这个协会的会员，每两个月还分组聚会一次，开展各种丰富多彩的富有知识性的活动，例如邀请著名地质学家讲授玉石、玛瑙的形成以及如何鉴别它们的价值等知识。

这次是第十三届年会，这次年会，由于王习三的到来，开得非常成功。

“国际中国鼻烟壶协会”会员、鼻烟壶收藏家、法国友人贝蒂·安妮·拉什女士在她《火奴鲁鲁会议》一文中写道：“许多人认为十三是一个不吉利的数字，但对国际中国鼻烟壶协会的成员来说，第十三届年会只对那些没有出席会议的人是不吉利的。会议主持人首先介绍了协会的奠基人爱德华特·奥德尔，第三个便介绍了王习三。”

“这是我们大家急切地想见一见、会一会的人物。”贝蒂女士在该文中写道。接着她在该文中详细地叙述了王习三在会上受到的热烈欢迎。王习三的到来，简直掀起了一股“习三热”、中国内画热。人们热烈地谈论着王习三，谈论着中国内画，谈论着中国。

夜深了，人静了，王习三躺在松软的席梦思床上，久久不能入睡。是第一次来到异国他乡的新奇，还是几天来会议上热烈激动人心的场面，抑或是外国友人对中国内画的崇拜？都是，又不全是。他不由地想：过去的成绩是肯定的，但我们不能躺在这些成绩上吃一辈子。我们必须不断地进步，不断地创作，拿出更多更好的内画作品，让外国友人感受到中国内画工作者的创造力，感受到中国人民的创造力是无穷尽的。而做到这一切，却不能仅仅靠一个人的力量。一个有责任的艺术家要做好自己的工作，同时更应该做最优秀的传承者。强烈的责任感、紧迫感，使他更加难以入睡。他索性爬起来，开开阳台上的门，来到阳台上，成立“中国鼻烟壶研究会”的想法在王习三脑海中初现端倪。

1982年，也就是王习三创作的“清代帝后像”系列

1979年中国鼻烟壶研究会创始人王习三、李克昌、李正慈、刘守本（从左至右）

内画作品在美国展出的那年，王习三作为重要发起人，与京派内画名家刘守本、鲁派内画名家李克昌共同发起创立了中国鼻烟壶研究会，并担任第一届理事长。中国鼻烟壶研究会是中国工艺美术协会中国鼻烟壶专业委员会的前身。王习三在中国鼻烟壶研究会成立时发表了讲话，全文如下：

在有关部门领导以及各省市区烟壶生产单位的大力支持下，我国工艺美术界第一个专门性学术研究组织“中国鼻烟壶研究会”在北京正式诞生了。

大家知道，自从明末期鼻烟从国外传入中国以后，中国的艺人对盛放鼻烟的器皿，根据中国的民族特色进行了艺术加工，使之成为“集中国多种工艺为一身袖珍艺术品”。这种小巧别致、玲珑精美的鼻烟壶凝结了千百万中国艺人的心血，它不仅成为清代以来帝王将相、富豪商贾争奇斗胜的珍品，同时也是目前各国收藏家或博物馆争相竞购的艺术品。现在美、英、法、日、德、加、澳，新加坡、菲律宾和港澳地区都有不少专门从事烟壶艺术研究的收藏家。烟壶已是世界各国收藏陈列的典型中国工艺品之一。国外在 1968 年建立了“国际中国鼻烟壶协会”组织，他们每年定期举行会议，交流在学术研究和收藏等方面的经验和心得，出版有关烟壶的书籍和刊物。1980 年底，该组织通过《中国建设》杂志社询问“中国烟壶协会”的活动情况。不少外宾或华侨也都希望与“中国烟壶协会”取得联系。

新中国成立后，在党的领导下，中国的工艺品得到了扶植和发展，烟壶艺术也得到挽救和新生。但是，由于目前在工贸关系、行政管理等方面存在一些问题，致使烟壶艺术生产、销售环节脱节，存在发展盲目、忽视质量等种种不良现象，当然对烟壶艺术的研究更是微不足道了。在宣传和报道上也存在一些盲目性和失实之处。

所以无论从国内外的情况来讲，作为烟壶之乡的中国，成立研究会是客观的需要，是繁荣中国工艺、振兴中华的责任和义务。

我相信，通过烟壶研究会这条纽带，将使文物管理部门、工贸等有关部门加强联系，通力合作，为传统的鼻烟壶艺术在收藏、管理、销售生产以及学术研究等工作的开展和提高发挥应有效用。

我们也欢迎台湾省从事烟壶艺术研究和生产的同事参加本研究会，共同为中华艺术的发展而奋斗。

“中国鼻烟壶研究会”议定为两年举行一届会议，王习三破例连任四届理事长。为了全国性的内画艺术学术交流能够积极展开，他东奔西走，不惜精力，做出了卓越成绩。年会一届比一届开得有起色，最重要的当是获得了梁知行的鼎力支持，得以出版《中国内画鼻烟壶新貌》①的中英文画册。

梁知行，香港实业家，被工业界称为“塑胶大王”，同时还是国际知名的内画艺术收藏家，香港鼻烟壶收藏协会首任会长。梁知行对王习三仰慕已久，1972年冬，

① 笔者按：该书1988年5月于香港养心轩艺术众书出版社出版。

他开始对收藏鼻烟壶感兴趣的时候，很快便熟悉了王习三的名字，并且非常欣赏他多彩多姿的作品。当时香港的鼻烟壶专业商店，几乎每一家都要郑重其事地向鼻烟壶爱好者介绍和推荐王习三的作品，其内容包括山水、人物、花卉、金鱼、蝴蝶、草虫、鸟兽等，其中尤推猫壶最为抢手；而在山水画中，则以雨景、雪景及雾景最具画意。当年王习三所画的一个鼻烟壶，售价由 400 美元至 1000 美元，如果是特别的佳作，则在 1500 美元以上。按当时的物价来算，这是一个不小的数目，而且越昂贵的精美佳作，销售得越快。就在这一年，梁知行搜购了王习三创作的约 10 件作品。作为一位醉心于鼻烟壶艺术的收藏家，梁知行收藏的 400 多个鼻烟壶中，有十几个堪称世界之最。

1981 年王习三首赴香港，借机结交了不少热爱中国艺术的收藏家、经销商，梁知行终于有机会和王习三结缘。两人彼此一见如故，畅谈内画艺术，说古论今，非常投契，大有相见恨晚之意。很快他们就成为了知己好友。此后，梁知行还专程到王习三的家乡河北衡水访问过七八次，并先后收藏王习三作品 40 余件，堪称王习三的“铁杆粉丝”。回顾多年的交往，王习三将两人的友情比作俞伯牙和钟子期，堪称知音。

早在列席“国际中国鼻烟壶协会”第十三届年会时

王习三就发现，许多学者和收藏家在鼻烟壶研究上有很深的造诣，出版了一些有关鼻烟壶的书籍。如英国学者许谟士的《中国鼻烟壶》（*Snuff Bottle of China*），美国学者史蒂文斯的《鼻烟壶收藏手册》（*The Collector's Book，Snuff Bottles*），法国学者里拉·沛里（Lilla S. Peery）的《中国鼻烟壶收藏的奇遇》（*Chinese Snuff Bottles: The Adventures Studies of Collector*）等都是颇有水平的专著。虽然台湾和香港地区也出版过一些有关鼻烟壶的书籍，但其影响却不如前几本书大。作为一个鼻烟壶发祥地的从艺者，早日出版由炎黄子孙自己编纂的有见地的鼻烟壶专著成了王习三的夙愿。这个愿望以“中国鼻烟壶研究会”年会为契机，在梁知行的支持下得以完成。

1985 年 4 月梁知行前往北京参加“中国鼻烟壶研究会”第三届大会时，时任理事长的王习三和副理事长樊保珍等人表示，每次年会选出的优秀作品，本来应该以彩色印刷出版，作为档案记录和宣传之用，但因经费没有着落，而且国内出版的审批手续繁琐，以致不能实现，深以为憾。梁知行听了深有同感，据他所知，美国 1968 年成立的“国际中国鼻烟壶协会”，已有会员约 2000 人，每年出版《会刊》4 期，可见欧美人士玩赏鼻烟壶者大有人在。鉴于烟壶收藏家 2/3 为欧美人士，介绍近代内画的英文画册更有出版的必要。梁知行决定要为“默默无闻地埋头从事鼻烟壶制作的一代新人”扬名。他在会上提出建议，独资在香港出版《中国内画鼻烟壶新貌》的中英文画册，出售此画册的全部收入捐献给“中国鼻烟壶研究会”，作为内画鼻烟壶艺术的发展基金。梁知行的建议立即受到热烈响应，并在内画艺人中间轰动一时，大家都表示要全力支持这本画册的出版。

花巨资出版的《中国内画鼻烟壶新貌》一书图文并茂。书中着重介绍几十位鼻烟壶艺人的从艺历史和特长。在编撰过程中，梁知行始终以高水平的眼光严格要求藏品的艺术质量，书中所选可以说都是能代表当代内画艺术最高水平的佳作。这不仅把内画艺术的发展推向了一个新阶段，同时又填补了古今中外鼻烟壶的空白。梁知行还别开生面，把有代表性的佳品拍照后制成放大数十倍的塑料版图片。这不仅使小小的内画壶得以发扬光大，同时也是对作者艺术水平的考验和鞭策。他还先后多次翔实地发布第一手材料。尽管当中曾几次遭到阻挠和挫折，但梁知行都以坚韧不拔的毅力，克服重重困难，使问题得以解决，从而为这部书的出版奠定了深厚基础，更为该书的权威性提供了坚实的保证。

《中国内画鼻烟壶新貌》中英文两种版本中，用 2/3

的篇幅介绍了王习三创建的冀派内画。梁先生说："清代的鼻烟壶固然珍贵，但我觉得今天的鼻烟壶艺人大有青出于蓝而胜于蓝的趋势。王习三内画的功力就超过了他的师傅。因此，我要通过这本书，向海内外介绍这批后起之秀，他们是已在世界上享有盛誉的中国鼻烟壶发展的希望！"

王习三为这本画册写了一篇题为《烟壶缘》的文章，并以五言绝句《知音》和《心愿》两首作为结束语：

方寸烟壶内，勾笔绘乾坤。丹青三十载，知音数梁君。

蹉跎度半世，只求技艺真。呕血育新秀，唯愿玉壶春。

作为"中国鼻烟壶研究会"的发起人，王习三在推动工艺美术事业发展、增进国际学术交流方面做出了卓越贡献。由于在传承和弘扬内画艺术上的巨大成就，1994年，王习三被美国传记协会选入《世界五千名人录》。

二　世界的艺术家，衡水的名片

王习三走向了世界，也把中国的内画艺术推向了世界。民族的奇葩在全世界的瞩目下更显璀璨。

加拿大第二大城市多伦多座落在安大略湖西北岸，是全国金融、商业、工业、文化的重要中心之一。皇家安大略省博物馆，收藏了大量的中国古代艺术品。1983年10月，国际中国鼻烟壶协会第十五届年会在这里召开。王习三应邀参加了这届年会。在这次年会上，放映了介绍我国“冀派”内画艺术的电视片，展出了“冀派”开拓者王习三的新作。当他那仅仅是半成品的15枚绘有美国各届总统画像的鼻烟壶一摆上展厅，就被人们围得水泄不通，国际中国鼻烟壶协会会员们啧啧称赞。学会主席福特先生的夫人手舞足蹈地称赞王习三的作品“神了，神了”。有一位收藏家发誓要把手中所有的藏品卖掉，专门收藏王习三的作品。王习三的出席使得第十五届年会变得非同一般。

隆重热烈的会场里，与会者全场起立，高呼着：“王习三，王习三……”这个中国人的名字。为了表彰王习三对鼻烟壶内画做出的杰出贡献，学会授予他“荣誉会员”称号。这位被呼唤的高个儿中年男子，“国际中国鼻烟壶协会”主席约翰·福特手中双手接过授予他的刻有“授予艺术大师王习三国际中国鼻烟壶协会名誉会员称号”字样的铜质盾形奖章，高高举过头顶，向众多的与会者致意。会场的气氛一下子推向高潮。整个会场响起热烈的、有节奏的掌声和一句句整齐的呼唤声。身临此情此景，平素性格内向的王习三不由得心里一热，激动的热泪顺着脸颊缓缓地流下来……王习三发表了简短的讲话，面对一张张不同肤色的笑脸，他心潮澎湃，深深感到作为中国儿女的自豪。

不光是王习三，出席仪式的还有中国进出口公司一位副处长、河北省外贸进出口公司一位局长，他们是跟随王习三前往的，看到此情此景，也都激动得热泪盈眶，作为一个中国人，他们在异国他乡感受到了自豪。

被国际中国鼻烟壶协会授予“荣誉会员”，王习三是亚洲第一人。但是王习三回顾说，当主席把证书交到他手里时，自己觉得不是王习三怎么了不起，而是对中国艺术的崇拜。是的，王习三是一位世界的艺术家，虽然他不喜欢穿西装、不会讲英文，但是，王习三的艺术魅力征服了世界。

“大鹏一日同风起，扶摇直上九万里。”从1977年，王习三被调到衡水创建特种工艺厂，到1983年成为世界级的艺术大师，亚洲第一位国际中国鼻烟壶协会“荣誉会员”，王习三一共用了6年左右的时间。就是在这6年左右的时间里，他带领出了一支“冀派”内画大军。经过长期艰苦的努力，王习三也终于获得艺术上的极大成功，成为冀派内画的代表，中国内画的骄傲。他的作品意境高雅、气韵生动、浑厚质朴、形象逼真，达到炉火纯青的地步。外国艺术家赞誉他的动物画“栩栩如生”、“呼之欲出”，肖像画“惟妙惟肖”、“形神兼备”，被多数权威画家公认为“当今艺术家的高峰”。王习三以一己之力叩开了世界的大门，大批世界艺术家、收藏家通过内画艺术和他结识。他和他的“冀派”内画受到了全世界人的尊敬。前文提到的艾伦森夫妇就是比较典型的两位。梁知行的《中国内画鼻烟壶新貌》英文版本就是在他们的帮助下得以出版发行的。

1984 年 5 月，住在美国圣迭戈城的“国际中国鼻烟壶协会”会员、美国鼻烟壶收藏家阿加莎夫妇访问北京时，对王习三说，他们收藏的王习三创作的内画鼻烟壶《清历代皇帝皇后系列肖像画》出了毛病，问王习三是否可以修理。王习三满口答应，并准备在同年 10 月“国际中国鼻烟壶协会”第十六届年会时前往圣迭戈。可是，他来圣迭戈好几天了，阿加莎夫妇对要修理的“活儿”并不着急，却整天带着王习三到处赴宴、游览……王习三心急如焚，几次催要他们拿出鼻烟壶修理，阿加莎夫妇只说“不急，玩够再说”，就是不让他修。还有两三天王习三就要前往洛杉矶，十几个烟壶，少说也得修理十多天，他们再不让他修，就没时间了。王习三这天坚决不跟他们外出游玩了，阿加莎夫妇只好拿出“活儿”。王习三拿起一个烟壶看看，没毛病，再拿起一个，仍然没有毛病……

阿加莎夫妇诡秘地笑着。原来，鼻烟壶本来就没有毛病。他们之所以要这么一个“花招”，就是为了把心目中最尊贵的客人邀请过来。忠厚老实的王习三，这才闹清了这场“骗局”的真正目的，深深感到外国朋友对他诚挚友好的感情。

艺术大师的人格魅力和开放的视野也是王习三成为世界级艺术家的原因所在。在冀派内画创建后，王习三始终注重开展对外交流，保持着与时俱进的步伐。早在冀派内画创建之初，王习三先生就注重进行文化交流，注重在国际市场推广内画艺术。人若有气魄，方做得事成。1981年8月19日，在《衡水日报》显著位置上，有这样一则新闻：“王习三创外汇七万元。”新闻报道说：“地区特种工艺厂副厂长、全国工艺美术家王习三，今年到6月25日，所画的鼻烟壶可换取外汇25600美元，以内换率计算，折合人民币71680元。”可能大家不知道，王习三先生当年的月工资只有62元。他安之若素，扎根家乡，奉献社会，这样的心态令人动容。王习三把艺术放大为做人，放大为人生。他一直严于律己、宽以待人、不抢风头、不发狂，对长者恭，对友者信，恪守中华传统八德“孝、悌、忠、信、礼、义、廉、耻”，时刻保持着一颗善良、谦逊、忠诚和高洁的心。

在国际上素有“烟壶先生”美誉之称的国际中国鼻烟壶协会副主席许谟士非常崇敬地评价说：“王习三先

生是把内画工艺发展到顶峰的大师级人物。他把内画工艺传授给更多的人，可以说内画工艺在王习三时代得到了最快最好发展。在我们长达30多年的友谊当中，更多国际友人通过冀派内画认识了中国，与河北、与衡水结缘。冀派内画是国际友人认识衡水的名片！”

时代变了，境遇变了，社会地位变了，但不管是在凄风苦雨的昨天，还是在享誉海内外、面对辉煌的今天，不管别人如何弃乡离国，让拜金、享乐之风弥漫心魂，王习三始终恪守着他的人生信念，展示出一位世界艺术大师的高风亮节。

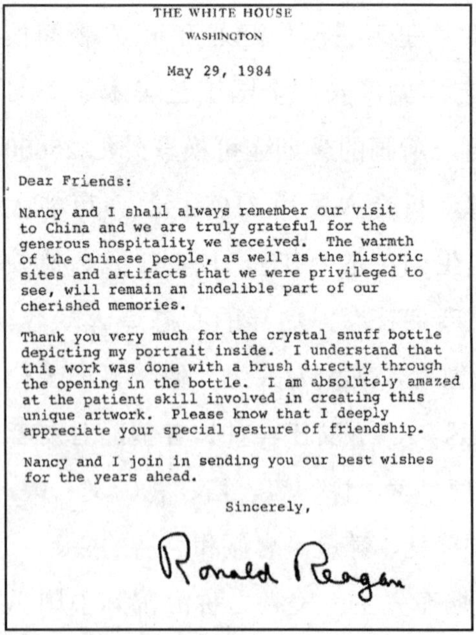
THE WHITE HOUSE

WASHINGTON

May 29, 1984

Dear Friends:

Nancy and I shall always remember our visit to China and we are truly grateful for the generous hospitality we received. The warmth of the Chinese people, as well as the historic sites and artifacts that we were privileged to see, will remain an indelible part of our cherished memories.

Thank you very much for the crystal snuff bottle depicting my portrait inside. I understand that this work was done with a brush directly through the opening in the bottle. I am absolutely amazed at the patient skill involved in creating this unique artwork. Please know that I deeply appreciate your special gesture of friendship.

Nancy and I join in sending you our best wishes for the years ahead.

Sincerely,

Ronald Reagan

里根总统致中国党政领导人的信

3. 精美的艺术、难忘的纪念

1984年，一封从白宫发出的美国总统致中国党政领导人的信，犹如绿色的鸿雁，飞过烟波浩渺的太平洋，飞到了共和国的心脏——中南海。信中热情友好地写道：

亲爱的朋友们：

南希和我将永远怀念对中国的访问，衷心感谢中国对我们的慷慨接待。中国人民的热情，中国的名胜古迹，将永远留在我们的记忆里。

非常感谢你们赠送的绘有我个人画像的鼻烟壶。我知道这是用毛笔伸进壶口内画成的。这种需要耐心和高难技巧的独特的绘画艺术，令人赞叹。对你们这种特别友好的表示，我十分欣赏。

请接受南希和我最良好的祝愿！

罗那德·里根

1984年5月29日

信中，这颇受里根总统推崇、喜爱、赞叹的国礼珍品——绘有其个人画像的鼻烟壶，其作者就是蜚声艺坛、誉满中外的中国工艺美术大师、中国鼻烟壶研究会会长、河北衡水市特种工艺厂厂长王习三。以“总统像”为扬名海内外的肖像内画不仅满足了收藏家的愿望，还在外交领域做出了应有的贡献。

王习三还记得1983年10月，国际中国鼻烟壶协会第十五届年会展示部分美国总统肖像烟壶的时候，当作品一拿出来展示，人们立刻围了上来，向他问这问那，一位美国收藏家用肯定的语气对王习三说：“如果里根总统知道了，会向您下定购单的。”一位美术教授也表示说，她认识里根总统的夫人南希，要给南希去信把这套烟壶告诉她。1984年美国总统里根访华的消息公布后，王习三想，自己的艺术创作如果能给外交活动以配合，将会产生很好的效果，增进中美人民的友谊。为此，他特意多制作了一个绘有里根肖像的水晶烟壶。里根来华后，通过外交部礼宾司作为国礼转交给里根总统。上面的感谢信就是里根总统回国后，专程写来的。

王习三绘制的让英女王爱不释手的鼻烟壶

1988年，与霍英东先生的一次交往令他难忘。当时，英国女王伊丽莎白二世访港消息传出后，霍老慕名请王习三画一幅女皇加冕典礼的内画肖像，作为给女王的礼物。不巧赶上王习三准备出国访问，日程正紧，为了不让霍老失望，王习三用一周时间赶制出这件作品。在一次招待会上，霍老应记者之请，捏着烟壶盖让记者拍照，不慎壶身从盖上脱落，霍先生情急之下用脚垫了一下，但烟壶还是掉地上，生成裂纹。因王习三已出国，霍老只好另请内画高手重新绘制。当女王获悉中国内画大师王习三曾为她画过一个绝好的肖像时，坚持请霍老拿出原作。没想到女王一看，爱不释手，惊呼“这个艺术家才气过人，此壶实在是艺术精品”。请霍老把这两个烟壶一起送给了她。

1990 年，在北京举办第十一届亚运会期间，国家为了感谢法赫德亲王对我国的深厚友情，也把肖像内画作为首选礼品。

4 月下旬的一天，亚运会组委会打电话给衡水习三画院，邀请王习三为亚奥理事会主席法赫德亲王绘制一个肖像鼻烟壶，以感谢他对第十一届亚运会的热情支持。王习三欣然答应，立即派人到北京将法赫德亲王的照片取来，并参阅了许多资料，精心设计出一个折方式两肩带铺首的烟壶造型，然后王习三找到衡水市的两个磨壶高手，选取最佳水晶材料，用了一个月的时间，才按照设计方案将烟壶磨打雕饰而成。这个烟壶高 12 厘米，宽 7 厘米，厚 3 厘米，呈扁形折方形状。

“春风放胆来梳柳，夜雨瞒人去润花。”王习三闭门谢客，专心致志地开始了创作。他用自己创作的金属杆

王习三《法赫德亲王》肖像鼻烟壶

钩毛笔，采用中西合璧的油彩画法，将身着民族服饰的法赫德亲王肖像画绘在烟壶的正面，使人物形象光彩照人。在壶的背面上端绘有本届亚运会的会徽，下端是亚运会的吉祥物——大熊猫“盼盼”。背面画法与正面的人物肖像不同，采用中国传统的工笔彩绘技法，使线条清晰，色泽典雅，显示出内画大师的功底深厚，工艺精湛。

为了配制好烟壶的盖头，在艺术上起到画龙点睛的作用，王习三两次去冀州花丝厂，请名师配制了狮头式镀金顶盖，顶端是一颗圆形的绿色宝石，闪闪发亮。而后，王习三又请能工巧匠制作了精美的红木盒和烟壶底座。

纵观整个烟壶，玲珑剔透，美观大方，集冀派内画技巧于一壶之中。它既反映了本届亚运会的特征，又不愧是一件上乘的艺术精品。王习三高兴地说："这是我的得意之作，代表了我对祖国举办亚运会的一片心意。"

行家们认为，这件作品不论从烟壶的艺术造型上，还是从内画技巧上，同几年前王习三所绘制的英国女王伊丽莎白肖像和前美国总统里根肖像相比，都略高一筹，可称冀派内画在人物肖像上独占鳌头的典范之作。

7月26日，第十一届亚运会组委会在北京新落成的五洲大酒店举行"王习三先生捐赠仪式"。当冀派内画创始人、工艺美术大师王习三将绘有亚奥理事会主席法赫德亲王肖像的内画鼻烟壶递交给亚运会组委会顾问韩伯平时，会场上响起了热烈的掌声。后来，法赫德亲王在海湾战争中战死，他的儿子把它当作了最珍贵的纪念品珍重收藏……

以上仅是几个例子而已，我国把肖像内画作为国礼赠送给访华外国元首的还包括巴西总统菲格雷多等。2001年在上海召开的APEC会议期间，王习三组织弟子刘晖等人合作了与会外国元首的内画肖像鼻烟壶，江泽民主席将其作为国礼赠送给各国元首，受到了他们的热烈欢迎，被认为是精美的艺术、难忘的纪念。同样是2001年，由于王习三的卓越成就和突出贡献，王习三走进了中央电视台"东方之子"栏目。

2001 年，上海 APEC 会议礼品壶

第二节 能力越大，责任越大

王习三大师始终保持着平和的心态，自强不息，厚德载物。成家成名之后，他开始受到万众瞩目。机缘巧合，王习三也曾有过令自己一生难忘的影视圈经历，但他对内画艺术的追求从来没有停止过。“一个艺术家在潮流中的分量，是以艺术家对历史的责任，对人格的完善的珍视程度而决定层次的。”能力越大，责任越大。王习三始终秉承着中国知识分子与生俱来的家国责任感。20

世纪80年代，一个以中高级知识分子成员为主的参政党——九三学社开始进入了王习三的生活，以这个平台为基础，王习三此后的人生得以迸发出更为璀璨的光彩。对于国家、人民的忠义，王习三从来都是严肃的。

一　内画大师　电影明星

1986年，王习三被国家命名为“有突出贡献中青年科技专家”。可就在这年，有人发现，王习三“改行”了，从内画圈子进入了影视圈，并且一举就被香港金牌大导演李翰祥选中，成为他的电影主角。中国人讲求“术业有专攻”，“隔行如隔山”，能够做到“触类旁通”者寥寥无几，一个工艺美术大师去当电影明星，就是在当今时代，对大多数人来说也是闻所未闻的事情。实际上，连王习三自己也不曾想过会涉足银幕，当上电影明星。说来事巧，却也是顺理成章，这件事情还要从作家邓友梅说起。

优秀的作家总是具有非常敏锐的社会洞察力的。北京作家邓友梅耳闻目染，对鼻烟壶产生了兴趣。小小鼻烟壶风靡了海内外，但十年动乱中，鼻烟壶艺人同样遭受了无情的打击和摧残。身怀绝技的艺人坎坷不平的命运，牵动了邓友梅的心。邓友梅走访了一个又一个鼻烟壶艺人，记录下一个又一个催人泪下的故事。他翻阅国内外有关鼻烟壶的著作，并奔波于各工艺部门、文物商店之间，品评、研究不同年代、风格各异的鼻烟壶。他还专程从北京到衡水，与王习三一起生活了一段时间，从王习三的师傅，一直了解到他们的师祖以至整个内画壶的兴衰史。通过王习三，他又结识了一批特种工艺技师、古董行的老人以及现代特种工艺专家。这一切使作家认识到，“工艺家、艺人的命运是和整个国家民族的兴衰联系在一起的”；而深入了解一个行业、一种艺人的生活变化，也就可以从侧面反映出整个社会的历史变化。于是，一个构思成熟了，这位作家终于在文学方面开拓了一个新的领域，第一次把绝少为人所知的鼻烟壶艺人作为一个艺术典型，写进了他的近 8 万字的中篇小说《烟壶》。

这是一篇京味很足的小说，作者运用北京的地方语言真挚朴实地再现了清末北京的风土人情，塑造了各种各样的人物，故事情节曲折动人，不乏神来之笔。中国鼻烟壶研究会理事李久方说，《烟壶》这部小说使更多的人特别是青年人了解了鼻烟壶这门独特的艺术。同时，也让我们鼻烟壶艺人更清楚地认识到了自己的价值。小说《烟壶》一经发表，就被当时的香港金牌大导演李翰祥看中，他认为这篇小说有以八旗子弟为前车之鉴的寓意，同时也是对中华文化的有益宣传，因此决定将小说《烟壶》改编成电影，并定名为《八旗子弟》。

影片脚本以烟壶这一传统的民间工艺品为纽带，通过八旗子弟的没落过程，道出了一个烟壶艺人与其家人悲欢离合的故事。烟壶题材的电影过去从未有人拍过，对李翰祥来说，这也是一次新的尝试。

正是因为王习三在内画艺术上的成就，引起了香港新昆仑影业公司的导演李翰祥的兴趣。最初，《八旗子弟》在巴黎拍摄片头，李翰祥在当地逛古玩店，发现一个绘工极精致的鼻烟壶，画的是一个穿红衣的人拉了一头骆驼，题款是“天山飞雪”，便花了2000法郎买了下来。拿回酒店给同行的邓友梅一看，略谙此道的邓友梅随即认出是王习三的学生刘子艺的手笔。李翰祥当时便道：“呀，学生都画得这么好，老师就更甭说了！”邓友梅见他如此说，便告之王习三与自己是好友，归京后当为介绍。

1986年10月，国际鼻烟壶协会特意通知王习三到美国巴尔的摩参加十八届年会。他在北京办理出国手续时，到著名作家邓友梅家做客。一进门，邓友梅就喜出望外地说：“我正要给你写信，可巧你来了，有件事要同你商量。中国国际电视台制作中心与香港新昆仑影业公司，正在北京拍电影《烟壶》，导演李翰祥先生想借用一下你画的‘美国历届总统像’系列烟壶，我知道，这东西是无价之宝，由你做主才好。”王习三听说要借给他人拍电影用，心里犯起了嘀咕，这套正被世界各国的鉴赏家和收藏家所注目的珍品，万一有失，悔之晚矣！可是，他同邓友梅是至交，朋友说情，不好拒绝，便说：“咱们一块去见见李翰祥先生，看情况再定吧！”

两人说着话，给李翰祥挂电话，没多久，李翰祥便派车来接。汽车停在香港新昆仑影业有限公司驻京办事处门前。李翰祥已经在门口迎接客人，他身材魁梧，黑黝黝的脸，戴着一副眼镜，看上去不过50岁上下。问过之后，才知这位金牌大导演已年过六旬，几年前还做过心脏大手术。而李翰祥也没有想到，自己神交已久的大师，年龄竟然比自己小了将近一轮。

这是一座具有民族风格的建筑，富丽多彩，幽静高雅，给人以明快的感觉。一个是画烟壶著名的“内画大师”王习三，一个是写《烟壶》的著名作家邓友梅，一个是拍《烟壶》的著名金牌大导演，这三人坐在一起谈《烟壶》，那种热烈气氛是可想而知的。谈话中，李翰祥讲了电影《烟壶》的特色，也讲了他的设想。李翰祥笑着对王习三说需要一套烟壶：“你那套美国历届总统的烟壶，可不可以借我拍一拍。”那种坦率的风度，真挚的情感，富有感染力的笑容，使人难以不用诚心和欢颜来回敬他。

第二天，王习三带来一个暗红色的长方形木匣，木匣打开，有四只浅格的小抽屉，拉出抽屉，绘有美国历届总统肖像的水晶烟壶便豁然展现在眼前，个个色泽透明，瑰丽无比，从华盛顿到老布什的每一位美国总统的肖像，方寸之间运笔，笔锋古朴浑厚，流利细腻；线条刚柔相济，粗细兼施；人物逼真，气韵生辉，真可谓鬼斧神工之作。李翰祥见之大喜。原以为王习三不过开个玩笑，不会将“国宝”出手示人，没想到如今一件件地摆在自己面前，看着烟壶，他忍不住连声赞叹。当下李翰祥架机器、打灯光，像拍纪录片一样，把它们拍了下来，王习三始终十分感兴趣地在旁边瞅着。

第三天，开始拍戏，也请王习三来参观。李翰祥向他提出，再带些别的烟壶来拍。平易近人，一点儿艺术家的架子也没有的“艺术大师”给李翰祥留下了极好的印象。第四天，王习三带来了一大包烟壶，并陪了李翰祥一天。出于对烟壶艺人的真实感知和对电影的爱好，拍戏的时候，王习三忍不住不时从旁指点，还不时提些问题，甚至对一些情节、对话、置景等提出了自己的建议。这都引起了李翰祥的注意。

影片《八旗子弟》塑造了聂小轩、乌世保这类充满民族气节的艺人形象。聂小轩在片中戏份很重，是个画烟壶的名艺人，诗书棋画，无所不通，风流儒雅，又有中国人的骨气。在此之前，为挑选主人公——内画艺人聂小轩的扮演者，导演李翰祥费尽周折，先后物色了几个演员，都不理想。现在，活生生的聂小轩不就在自己旁边吗？于是，他跟王习三说，“不如你来演聂小轩”。王习三从未想过要抛头露面演电影，还以为李翰祥在开玩笑，不过，在李翰祥几番劝说之下，他答应回家去想想。隔天他又到了李翰祥的静心斋，一见面就道：“李导演，我回去想了一天，您叫我一夜失眠呐！思前想后，我谢谢您，拍戏我怕演不好，我手头又还有工作，要到美国去开国际鼻烟壶协会……，再说昨儿个我跟家里人一说我要演电影，他们没一个儿不笑话我，说我这样根本不上镜。”李翰祥也挺会说服人。他说：“拍戏耽误不了您去美国。片子拍成了，你拿着它再去开会，也让咱们的鼻烟壶扬名于世嘛！”见王习三有点动心，他又认真地对王习三说：“经过仔细观察，我总觉得你就是聂小轩。你不仅富有烟壶方面的技术知识，而且气质、年岁、形象等方面都与这个角色相近。更难得的是你是当今驰名中外的烟壶大师，如能赏脸来演这个角色，无疑会大大提高这部片子的声望和艺术价值。”

就在王习三犹豫的工夫，李翰祥告诉他：“今天就有聂小轩的戏，你先化上妆试试吧！”说罢李翰祥顺势一让，王习三就被推进了化妆间，头一剃，事情落实了。

《八旗子弟》剧照（中为王习三）

李翰祥确实有他的道理，对选用演员来讲，他不大愿意找很有经验的演员，因为他们演过电影太多，旧包袱太重，难免矫揉造作甚至是失去自我。虽然王习三的外表并不很漂亮，但却是个做艺术的人，他会写字、画画；起码他爱看书，腹有诗书气自华，他个人的气质是毫无疑问的。更何况邓友梅在创作《烟壶》过程中，曾到衡水采访过王习三，小说中的素材，有王习三的影子和他提供的材料，可以说聂小轩的模特儿有一半是从他身上来的。事实上，当王习三演的时候，第一个镜头就表现不错，很稳，大家都觉得他很会演，很投入。

王习三被剃光了头，粘上胡须，戴上了大长辫子的头套，穿上了一身可体的长袍马褂，俨然一副晚清艺人的打扮。自然，他也尝到了做演员的苦头，好在两个多月中拍的许多镜头都得到了金牌大导演李翰祥的肯定，说他演得“正如聂小轩其人”。

大师演聂小轩，称得上是当行本色。比如一个特写镜头，要求角色强忍悲愤，凄然泪下，以情感人。王习三演到此处，怒气形之于色，泪水夺眶而出，愤怒和胆怯交揉，戏演得十分自然，毫无造作之态。摄影师及时捕捉住最佳情绪，拍下了这个大特写。有位演员兴奋地说：“王习三的鼻烟壶画得美，电影也演得好，不愧为艺术大师！遇上这样的镜头，连表演实践丰富的演员，要挤出泪水来，还得点些眼药水，你怎么恰到好处，就真情倾泻、流泪出戏呢？”王习三如实回答：“我联想到十年内乱中，被剥夺了画笔，给摔了烟壶坯子，被揪出来辱骂的惨景，就情不自禁地流下辛酸泪。”副导演岳华先生听后连连点头，说这种现象在影视界叫“艺术联想”。王习三听了微微一笑，才发现原来自己身上也蕴藏着表演艺术细胞。

内画大师来演《八旗子弟》中的内画艺人，成就了一段影坛佳话。《八旗子弟》的演员阵容，也可谓之不俗了。除王习三外，中国电视剧制作中心的陈道明，在片中饰另一位男主角乌世保，他曾在电视连续剧《末代皇帝》中扮演末代皇帝溥仪。女主角之一是北京人艺的罗历歌，她在片子里饰乌世保的妻子乌大奶奶，她也曾出演《末代皇帝》，演的是皇后婉容。另一位女主角是李翰祥的女儿李殿馨，她也曾参与主演了乃父执导的叫座名片《火龙》，这次在《八旗子弟》，却叫父亲“过继”给王习三，成了他的闺女柳娘。而李翰祥导演尤其对“发现”了这位男主角得意不已。“他戏不错，很稳，没戏味儿，就做的是聂小轩这个人。最初演，还有点涩，后来可就越演越好。”李导演预言：“观众将来会看到一个在内画方面非常有成就的大师作为演员的处女作。我相信大家对他的表演不会失望。”

事实证明，李翰祥没有挑错人，王习三虽然第一次拍片，但感情流露得恰到好处，加上他有内画烟壶的功夫，在戏中即席挥毫也不会“有姿势无实际”，另外也由于他的关系，戏中一套美国总统鼻烟壶既是道具也是真品，让观众大饱眼福。1988 年 3 月 26 日至 31 日，王习三去香港参加《八旗子弟》首映式。去港后的第二天，主办方就给他和邓友梅安排了一场大约有百名记者参加的招待会，由王习三讲述了中国鼻烟壶方面的知识，以及拍戏的趣闻逸事。当王习三告诉他们，自己是从事工艺美术的烟壶艺人后，大家对他更是钦佩。听到不少专家对自己洋溢着赞美之词的评价，王习三释然了！这部影片在香港上映后，引起了观众的强烈反响。

随着王习三名气日盛，崇拜倾慕者愈来愈多。饰演聂小轩，他可算出尽了风头。有人曾问王习三："这部电影上映后，假若你成了公认的电影明星，今后有没有可能当职业演员？"王习三回答说："我演这部片子，可以说是命运支配了人，这部片子拍完后，我还要回到本行来，这可以算是人支配命运。"

没错，王习三早就开始支配自己的命运了，1986年，他正式成为了九三学社的成员。

二　九三学社　人生新舞台

九三学社是以科学技术界高、中级知识分子为主的具有政治联盟特点的政党，是接受中国共产党领导、同中国共产党亲密合作、致力于建设中国特色社会主义事业的参政党。20世纪80年代以前，王习三所在的衡水地区还没有民主党派的组织。80年代以来，中国共产党作为执政党提出基于"统一战线"的需要，要进一步完善我国多党合作的政党制度，提高民主党派的参政议政职能。这也成为国内各个民主党派加快发展的契机。衡水地区的政策事务同样需要民主党派的参议，现实的要求推动各民主党派加快了自身的建设步伐。九三学社河北省委决定发展九三学社衡水市级组织。但是，由谁来担当筹备者呢？

九三学社在成员结构上长期坚持以科学技术界为主，以有一定代表性的高、中级知识分子为主的原则，并且坚持注重质量，保持特色。要在衡水建立这样一个组织，对筹备者必然有着极高的要求。首先，这个人应当是衡水人，对科学技术界的情况应当相当熟悉；其次，作为筹备者，他应当是科学技术界的优秀代表，在本职工作上卓有建树，符合九三学社的成员要求；再次，他必须拥有崇高的声望，能够发挥旗帜的作用，把社员团结起来，增强社组织的凝聚力。为了寻找一个合格的筹备者，九三学社河北省委做了大量工作，最后，他们想到了王习三。身为全国第一批工艺美术家、河北"老艺人"、劳动模范、饮誉海内外的王习三当时的威望在衡水无人能及，如果他能够加入九三学社，必将为九三学社在衡水的发展起到积极的推动作用。

当时，"文革"结束才刚刚10年，社会上"左"的思想依然存在，当九三学社省委领导找到王习三说明来意的时候，王习三还是存有顾虑的。是啊，相信所有了解王习三经历的人都会理解他的顾虑。从那个特殊时期走过来的艺术家往往习惯性地会对涉及"政治"的任何事情都退避三舍，王习三也不例外。他分外珍惜国家重新赋予自己的创作机会，一心想的是如何平平静静地从事自己的艺术，多创作一些精品，再也不愿受到"政治”的牵连了。但是，时代的洪流滚滚向前，历史选择了王习三，也注定了王习三要在一个新的舞台上丰富自己的人生。

九三学社省委领导耐心地做起了王习三的工作，王习三也非常慎重地对待了这件事。他细细查阅了九三学社的相关资料，学习了九三学社的章程。半个多世纪以来，九三学社秉承爱国、民主、科学的优良传统，同中国共产党在争取民族独立和人民解放的宏伟事业中风雨同舟，在社会主义革命和建设的历史进程中携手前进，是一支建设社会主义事业、维护国家安定团结的重要力量。九三学社坚持四项基本原则，拥护中国共产党领导的多党合作和政治协商制度，在中国共产党的领导下参加国家政权，参与国家大政方针和国家领导人选的协商，参与国家事务的管理，参与国家方针政策、法律法规的制定和执行。王习三觉得这些是符合自己的政治信仰的。

可是，过去的经历给他的身心带来的是永远难以抹平的伤痛，加入民主党派会带来什么后果，任谁也不能不仔细考虑。王习三对现实的认识是清醒的，他认真地阅读了国家的政党政策，意识到，中国共产党的改革开放政策体现的是人民的意愿，国家正朝着正确的方向前进，这种意愿是不可逆的。从过去的历史中吸取了教训，就不会再让历史重演。最终，王习三下定了决心，向九三学社递交了入社申请书。1986年，王习三正式加入了九三学社，成为衡水最早的民主党派成员之一。

1986年，受九三学社河北省委委托，王习三正式成为九三学社衡水市级组织的筹备者，大师人生的又一页就此掀开。此后，王习三的身影就经常性地出现在九三学社河北省委、衡水地区行署及其相关部门，他积极地履行自己的职责，就像对待自己钟爱的内画艺术一样，兢兢业业、一丝不苟。1987年10月16日九三学社河北省委衡水直属小组成立，王习三任组长、胡正义任副组长，当时共有社员10名，他们紧紧凝聚在王习三的周围，形成了九三学社衡水市级地方组织最早期的力量。

九三学社河北省委衡水直属小组的一个重要任务就是在衡水市发展九三学社社员，王习三和他的小组成员们积极地做好学社章程的宣传，认真地进行着人员的筛选和考察。由于王习三的人格魅力和良好声誉，很多高、中级知识分子都慕名走进了九三学社。作为直属小组组长，王习三认真地和每一个加入九三学社的社员进行推心置腹的交谈，耐心解答他们心中的疑问，去除他们头脑中的顾虑，从而使九三学社衡水市委从无到有，从小到大。

衡水九三学社副主委，原衡水市第二人民医院副院长刘建衡1993年入社，期间王习三亲自到医院和他面谈。在他眼里，衡水九三学社把关严，社员整体素质高，又有王习三大师这样的领导言传身教，是一个有组织凝聚力、有战斗力的群体。

衡水市商务局主任张英凯1991年回衡水工作，后来取得中级职称，听说威望极高的王习三是衡水九三学社领导人后，就带着崇敬之情加入了九三学社。入社后他发现，王习三大师平易近人，没有任何架子，每次参加九三学社的例会，他都早早到场，有一次例会正值盛夏，习三大师还为大家买来西瓜……

1996年5月10日，九三学社河北省委衡水市委筹备小组成立，王习三任组长，胡正义、赵殿轩任副组长，10年的时间不短，但对于王习三和衡水九三学社来说，10年的时间迈出的是漂亮的一大步。在九三学社衡水市委筹备期间，条件十分艰苦，办公经费仅够买两张办公桌，作为组长，王习三率先垂范，他舍己为公，从自己家里搬来了沙发。

王习三特别注意衡水九三学社的精神文明建设，在他长期不懈的带动下，衡水市九三学社成为一个有活力、有朝气的团体。社员中的专家学者深入民间田舍，为衡水行署提出的“棉花年”做贡献，获得行署的肯定，被评为先进单位。教师节期间将社里编写的图书送到衡水劳教所，为迷失的心灵送上精神食粮。春节前王习三带领会书法的社员为农民送上红红的书写春联，他还亲自把春联贴到农民家门口……

1997年1月16日，九三学社衡水市委成立，王习三任主委，赵殿轩、刘建衡任副主委，赵殿轩兼任秘书长，当时有社员36名，都是各个行业的精英分子，他们紧紧团结在王习三主委的周围，认真履行参政议政职责。

在地质九队的孙家骅眼里，九三学社对社员的关心同样是细致周到的。在单位分房的问题上，就是王习三主委出面调解，为自己解决了问题。为了体现对老同志的关心，社里组织了“老人节”，王习三送每人一纸红字，上书“仁者寿”……

王习三兢兢业业履行着自己的主委职责，以他为领导的衡水九三学社第一届市委会圆满完成了既定的任务，衡水九三学社市委不断加强自身建设，在衡水市的政治和社会生活中发挥着越来越重要的作用。到了2002年，第一届市委会任届期满，王习三决定让贤了。一方面是年龄的原因，另一方面，此时王习三的社会事务越来越多，也促使他做出了决定。事实上，即使这样，他也从未放弃过自己的内画艺术。2002年3月22日九三学社衡水市委换届，通过民主选举产生了第二届市委会，赵殿轩任主委，刘建衡、刘希勤任副主委，王习三为名誉主委……

正如多年后，九三学社衡水市委第二届主委赵殿轩的感慨："如果没有王习三大师，衡水九三学社就不会发展成现在这个样子。王习三大师当之无愧是衡水市九三学社的一面旗帜。"至2010年，九三学社衡水市委社员已经超过了120名，其中54人具有高级职称，而这些人加入九三学社，或多或少都有着王习三的原因。

王习三一直担任领导职务，从九三学社河北省委直属小组组长到九三学社衡水市委主委、名誉主委，他的工作是细致周到的。多年来在王习三的领导下，社组织积极发挥智力优势，搞好参政议政、民主监督和社会服务活动，为衡水市的经济文化建设贡献力量，受到了衡水市委的高度评价。现在已是名誉主委的王习三依然关心社组织的发展，并积极参加社的一些活动，为下岗职工举办书画义卖，为农民书写春联，捐资助教……在王习三的带动下，社成员立足本职工作，爱岗敬业，施展才能，拼搏奉献，积极发挥作用，取得丰硕成果，涌现出了一批先进工作者、业务骨干和拔尖人才。

伴随着改革开放的前进步伐，九三学社衡水市委组织历经逾20个年头。这些年来，九三学社衡水市委高举爱国主义和社会主义旗帜，遵循同中国共产党"长期共存、互相监督、肝胆相照、荣辱与共”的方针，由河北省委衡水直属小组到成立九三学社衡水市委员会，社的组织不断壮大，活力不断增强，社员素质不断提高，社务工作的制度化、程序化、规范化建设不断深入，已经成为衡水市参政议政的重要力量，有力地推动了衡水市经济文化各项事业的发展。

如衡水著名编剧陈幼军老师所说：“出现了王习三大师这样的人物，是衡水这方热土的荣幸。”而九三学社选择了王习三，王习三又选择了九三学社，这本身就是一种相得益彰。

三　艺术纽带　牵线海外

和大部分同时代的知识分子一样，王习三身上秉承着中国知识分子与生俱来的国家责任感。由于艺术家的特殊身份，通过小小的内画作品做纽带，王习三得以结识众多的海外人士。乒乓球外交取得重大突破启发着王习三。我国体育健儿，通过小小的银球，同许多国家联络了友谊，扩大了中国的影响。他想，烟壶虽小，但国际上有学会，而且特种工艺厂的产品百分之百对外销售，自己出国的机会不少，如果能充分利用与港澳台胞、国外华侨和外国朋友接触的机会，向他们宣传祖国的情况，宣传党的政策，联络世界各国人民的友谊，对于统一祖国、振兴中华将是一件十分有意义的事情。

此后，以艺术为纽带联络海外友谊，成为王习三义不容辞的责任。这种责任意识在他接触到九三学社后变得更为炽烈。

1984年，衡水地区深县政协副主席孟恒昌在台北美国花旗银行任经理的女儿孟常珍回来探亲。其母何荣芳是何应钦的一个远房侄女，自去台湾后一直没与其父孟恒昌见过面。地委统战部和外事办公室感到这是送上门来的统战工作，又是中上层人士，一定要接待好。从人情和心理考虑，决定请王习三给孟恒昌画个肖像烟壶，让孟常珍带回台湾，以解慰何荣芳的思乡念夫之情。在时间紧、任务重的情况下，王习三加班加点按时赶了出来。孟常珍与其父一起到衡水特种工艺厂参观时，他把画有孟恒昌肖像的水晶烟壶送给孟常珍。孟常珍高兴得手舞足蹈，以致激动得流下泪来，反复说着一定要带回台湾让妈妈看看。回台后孟常珍的妈妈看到孟恒昌栩栩如生的肖像烟壶，如同见到远别重逢的亲人，激动万分。以前她们也进行过通信联系，但台湾当局的反共宣传使她一直心存疑虑，不敢到大陆来。见到烟壶，听了女儿的介绍，觉得共产党还是很有人情味的，当即表示一定要来大陆看看。第二年，何荣芳真的来了。还来专程拜访了王习三，同时提出，希望把她和孟恒昌画在一个壶里。王习三满足了她的要求，她高兴得不得了，兴致勃勃地说："我要把它带回台湾，让它成为我们的传家宝。"1985年王习三到费城参加一个展览会，就往花旗银行拨了一个电话，没想到正好是孟常珍接的，她非常高兴地提起了那个鼻烟壶，还向王习三发出邀请："王伯伯你画的那个烟壶，我妈妈整天拿着看，你能来台湾一趟吗，说说家乡的情况。"王习三没有去台湾，但能为两岸同胞尽自己的一份心意，他感到了很大的满足。

河北省政协委员沈炳枢，是香港名望较高的大商人。1985年王习三给他画了一个很高级的烟壶肖像，通过国家外事办送给了他，从此两人成了好朋友。王习三每次到香港，沈炳枢都邀他去做客。1987年王习三去香港看他，沈炳枢心事重重地告诉他，说家乡要办养鸡场，给他来了信，同时把信拿给王习三看，信中有动员他出钱的意思，而且口吻不太合适。他为难地说："你说我出不出钱呢？出钱吧，我近年生意不太好。不出钱吧，老家还有孙子、侄媳等，准得给小鞋穿。"一看情况不太对，王习三赶紧做解释工作，说："希望你理解家乡领导的心情，他们也是想让家乡早点儿富起来。希望你不要为个别字眼写得不妥而别扭，保重身体为重。再说，你也别担心给小鞋穿。这绝不会的。我回去后找家乡领导解释一下。"回来后，王习三马上找地委副书记解玉琦做了汇报。又到沈先生家乡向有关领导解释了情况，互相消除了疑虑。后来王习三从美国回来路过香港去看他，沈炳枢高兴地告诉他，他的侄媳、孙子都按着他的意思办到香港来了。看来家乡的领导确实没有给小鞋穿，共产党办事真够意思。很感谢王习三从中周旋，也很感谢家乡领导。为了表达他的心意，打算送给家乡一部车，问王习三行不行。王习三说衡水车不少，你如果一定要送，还不如用在医疗或教育上更好。他当场表示要拿出10万元，让王习三回乡后商量一下，看用在什么地方好。后来用在了地方教育上。

20世纪80年代后期，政府已把工作重点转到了一心一意进行社会主义经济建设上来。但是，由于党和国家人事方面的变动和反对资产阶级自由化斗争的开展，港、澳、台胞、国外华侨和国际友人不了解内情，受负面宣传的影响，在思想上引起各种疑虑。王习三意识到这对于我国发展对外关系、调动一切积极因素为统一祖国服务是极不利的。他努力利用同他们接触的机会，做宣传解释工作。1987年王习三因为内画事务到了美国，见到在美国一家书店工作的深县政协副主席孟恒昌的儿子，两人寒暄之后，孟振忠很严肃地问："我父亲在大陆究竟怎样？中国那么动荡，中央领导人那么大个官说换就换。我父亲原来在国民党军队与共产党对立过，他们能放过他？我很担心，共产党政策一变，我父亲还得吃苦头。”王习三根据他提出和担心的问题，比较详细地告诉了他关于国内的情况，并对他说，党和国家领导人根据工作需要进行调整这是很正常的事。反对资产阶级自由化只在党内进行，不是搞政治运动，不搞人人过关。党的政策没有变。如果说变，只能是在实践中不断完善提高。只能越变越正确，越实事求是，越有利于调动各方面的积极性。根据自己了解的情况，王习三用事实告诉了关于他父亲的近况，并说：“你父亲现在是省政协委员，我们常在一起开会，参加国家大事的协商，他身体很好，又会按摩，领导同志都很尊重他。不少人还请他按摩。这不，我来之前，他还坐着小车去找我，托我给你带了这么多东西。”王习三的话诚恳、具体，孟振忠听后松了一口气说：“你这么一说我就放心了。”

类似以上的情况王习三遇到的还有很多。每到一个国家，不论是港澳台胞还是华侨，抑或是外国朋友，有的是关心中国，有的是出于好奇，有的在研究中国，有的则是由于经济贸易与中国的政策有利害关系，他们通过内画艺术认识了王习三，也都提出过这样或那样的关于中国的疑问，王习三把它们看作是联系友谊的机会。根据实际情况，他大胆慎重地给予他们解答，使他们对中国有了一个正确的认识。面对当今世界的飞速发展和统战工作的新形势、新格局、新任务，王习三决心继续努力，在不断提高艺术水平的同时，努力做好海外统战工作。

四　参政议政　责任与使命

由于王习三在内画艺术上的杰出成就及其对地区经济建设的突出贡献，他两次荣获“省劳动模范”称号，1986年获国家级“突出贡献中青年专家”奖，1988年，获轻工部授予“中国工艺美术大师”称号，1989年又荣获“全国先进工作者”称号，并在国庆四十周年期间与党和国家领导人一起在天安门城楼上参加观礼活动。这位艺术大师被荣誉包围着，然而他能保持难得的清醒。在众多的荣誉当中，王习三更看重的是他的“政协委员”身份。

能力越大，人民赋予的责任越大。1982年，党和国家本着“有为才能有位”的原则选举王习三任河北省政协第四届常务委员。此后，王习三开始了自己的参政议政之路。加入九三学社，进一步开阔了王习三的参政议政平台。1988年，已是九三学社衡水市委首任主委的王习三被选为全国政协第七届委员会委员，此后，他连任八、九、十、十一届全国政协委员，成为连任五届的老委员，这在政协委员中也是为数不多的。作为政协委员的王习三吸引了众多媒体的关注。

王习三参加全国政协会议。

责任重于泰山，政协委员是王习三的人生中新增添的使命。迄今为止，已经连续担任20多年省政协委员和全国政协委员的王习三，谈起政协，满怀感情，深有感触："政协是最高等的学府殿堂，政协组织是个包容性很强的大家庭，政协委员是荣誉，但更是责任。""让我当政协委员，我只有按政协委员的职责，如实客观地反映社情民意供党决策参考，我不能辜负党和人民的信任和期望，不能对政协对党说假话。"

多年来，习三大师从未忘记自己身为一名政协委员的责任与使命。他勇于建言，敢于针砭时弊，从不隐瞒自己对问题的看法和意见。他平易近人，关注民生，任职以来，王习三的提案无论是质量还是数量都有所提高。作为衡水市唯一的全国政协委员，王习三深知重任在肩。《关于南水北调建设问题》、《关于建立衡水电厂问题》、《关于解决拖欠教师工资问题》、《关于平抑药价价格虚高，解决老百姓看病难的问题》、《关于农民工工资拖欠问题》，等等，近百件提案和大会发言的产生，无不折射出王习三大师忠实履行政协委员职责、时刻心系国计民生的赤子情怀。

谈起全国政协会议，大师显得很兴奋。他说，作为文化艺术界的代表参加大会，感到很荣幸，大会期间，与许多著名艺术家一起畅谈当前的大好形势，眼界开阔了不少。近年来，王习三委员尽职尽责，积极参政议政，提出了许多切实可行的建议。他在中国内画艺术之乡展览馆内设置征求提案的意见箱，并于每周一亲自接待来访者，这一举动使他能够更全面地了解民意，反映民声。全国政协会议上，王习三委员又提出了一个个大胆的呼吁：

在高速公路不能提供高速服务的时候，收费应当打折甚至免费。他说：“在市场经济体制下，这是一个公平消费的问题。”

推广鼻烟、利国利民。吸烟对人体健康有危害，现在，国家虽然已经颁布了《公共场合禁止吸烟》的法规，但是我国仍有3亿多吸烟者，而烟草产业仍是我国经济不可忽视的一大产业，上缴税利巨大，事关国计民生，真正严格实施公共场所禁烟存在许多困难。“与香烟相比，鼻烟有许多优势，使用时不产生焦油和一氧化碳，对吸烟者本身危害较小；不存在香烟对周围环境的公害和对他人的损害；不会诱发火灾；可节省大量木材（卷烟纸木浆）和外汇（进口高级烟纸和过滤嘴）；不会因全民戒烟影响国家利税收入和相关产业，等等。因此欧美和东南亚不少国家不仅保持这一闻烟方式，而且因公共场所禁止吸烟法规的实施，还出现鼻烟反潮发展的趋势。”王习三委员坚信，通过不断实践，烟民们会逐步认识到鼻烟优于香烟的益处，而渐渐接受鼻烟。

文艺工作者要适应改革的新形势，必须有所创造，“随着我国改革开放的深入，人民的物质生活水平日益提高，对精神生活也就有了更高的要求，那么，文化艺术怎样适应新的形势、跟上时代的步伐是摆在每一个文艺工作者面前的严峻问题，如果艺术作品不能产生经济效益和社会效益，那么艺术就没有生命力。”

加快机关事业单位养老保险制度改革。现行机关事业单位退休养老制度已不能适应时代要求，必须进行改革。国家应对机关事业单位养老保险制度改革给予更多关注，并协调人事、财政、劳动和社会保障等部门，认真开展调查研究，总结试点经验，力争在出台全国统一的机关事业单位养老保险制度改革方案时，确定改革的指导思想、基本原则、涵盖范围、实施办法等问题。

要真正做好评选中国工艺美术大师的工作，大家要心明眼亮，“防止滥竽充数者弄虚作假蒙混过关”！王习三认为，要保证中国工艺美术大师称号的权威性和严肃性，必须要严格控制质量和人数，宁缺毋滥。“对任内道德缺失、行为恶劣的人，应该撤销其大师的称号，以儆后效，这是保证中国工艺美术大师称号严肃性的必要手段！”

“这些年，全国两会会风更加清新、简洁、高效，尤其在‘电子化政务’上发展迅速，比如提案上网，发言制光盘。”但使王习三感到美中不足的是，“每次会后，还会收到几十公斤的资料和文件，许多文件和资料都带不回去，甚至看不过来，现在资源这么紧张，我们能不能采用另外的方式，比如给每个委员发一个电子设备，实现文件资料的无纸化”。他认为，这也是建设生态文明和实现可持续发展的一个重要体现。

……

1996年到2002年，王习三还曾任衡水市政协副主席，他积极参政议政，撰写提案，并以高度的历史使命感和政治责任感，先后参加各类座谈会、征求意见会多次，实事求是地就有关主题尽诤友之言，建言献策，坦诚地提出建设性意见和建议，为衡水市各项事业的发展做出了积极贡献。他多次表示将不辜负全市 420 万人民的重托和期望，继续发扬好传统、好作风，在认真参加会议、审议报告、积极参政议政的同时，把衡水解放思想、创新实干所取得的新成就宣传好，进一步促进衡水市又好又快地发展。

尽管社交、行政事务占去了不少时间，王习三还是千方百计挤时间搞创作。这也是自己的责任。王习三对全国政协会议的关注是发自内心的。他把对政协的热爱融入到自己的内画作品里，将内画题材和全国政协会议结合起来。57 岁的王习三，要在纪念全国政协成立 45 周年到来的日子里，夜以继日，绘制出一套“历届全国政协主席”烟壶系列肖像，以此回顾全国政协的光辉历程。1994 年 9 月 21 日，在北京举办的纪念全国政协成立 45 周年的书画展览会上，这套精心绘制的有毛泽东、周恩来、邓小平、邓颖超、李先念、李瑞环 6 位历届全国政协主席肖像的系列烟壶，博得了全国政协领导和众多艺术家们的阵阵喝彩。

“历届全国政协主席”烟壶系列肖像从 7 月初开始创作，到 9 月 21 日纪念日，仅有两个多月。在这么短的时间内，要画出6位人物肖像，这在内画艺术史上还是开天辟地头一回。为不耽误展出，王习三将自己担负的事务和一切会议活动全部推掉，迅速挑选了高级人造水晶材料，请磨工师傅连夜赶磨了6个统一规格的背壶式烟壶，并打破常规，采取淡墨素描的艺术手法。从此，他在家中闭门谢客，一画就是十几个钟头。夜深了他还伏在案上加班加点，天不亮他又操起了画笔。

为加快绘画进度，王习三在注重细腻刻画人物面部形象和气质的同时，用比较简练粗犷的线条，勾勒出每位政协主席的服饰轮廓。这样，不仅节省了时间，而且与面部细腻的刻画对比更显示出主题突出、清晰明快的艺术效果，使6位历届全国政协主席烟壶系列肖像，个个人物风度各异，形象逼真。同时烟壶的背面还用隶书注明了每位政协主席的生平简历，形成了书画并茂、光彩夺目的艺术效果，观后令人叫绝。

在这次由全国30多位海内外颇有名气的著名书画家共同献艺组成的书画展览会上，王习三的这套“历届全国政协主席”烟壶系列肖像，在群芳荟萃中独树一帜，不仅成为全国书画艺术中一件很有收藏价值的国宝，而且也是王习三继绘画“历届美国总统”烟壶系列肖像后，又一套以国家领导人为题材的人物肖像艺术珍品。

第三节　再展宏图

历史上不乏以退为进的例子，临近“知天命”之年，王习三也选择了以退为进。为了腾出进行内画创作的时间，他坚决辞去了衡水特种工艺厂厂长的职务。致力于内画艺术的发扬光大，他想尽快把冀派内画艺术这个产业做大做强，把自己掌握的这门绝技更广泛地奉献于社会、更多地造福于人类。和前期的着眼于艺术创作、以创作推动内画艺术大发展相比，王习三此后的行动更具发展眼光。他许下宏愿，继续推广内画艺术，扩大冀派内画艺术的影响力；同时改变培养方式，大规模地培养内画人才。当这些蓝图一步步实现的时候，王习三已经到了花甲之年。

以退为进的王习三继续续写着人生的辉煌，因为他的卓越功绩，1991 年，王习三获准享受“国务院政府特殊津贴”待遇，1992 获准享受“省管优秀专家”待遇。1994 年，王习三入选美国传记协会《世界五千名人录》，并被聘请为特约顾问……

然而退出也是有代价的，王习三不得不失去了他的“一壶斋”堂名。随着王习三被海内外誉为“首屈一指”的艺术家，“一壶斋”已经成了国际艺坛上响亮的名牌。但是，在王习三辞去厂长职务后，这个“名牌”却遭到了滥用，导致无形资产的流失。1988年，王习三无可奈何地开始使用“一壶八德斋”的堂名，和其“志潜一壶、身润八德”相对应。王习三恪守着老祖宗留下的做人原则，在道德滑坡、物欲横流的社会现实面前，保留着一份难得的本真。

一　以退为进

早在1984年11月，王习三给当时的地委领导写信，提出辞职请求。对于请调的原因，王习三指出：一、科研深造受到局限。鼻烟壶被国际誉为“集中国多种工艺之大成的袖珍艺术”，它种类繁多，造型多异，但目前我国尚能制造的不及清朝全盛时期品种的十分之一二。很多种艺术已经失传，很多品种亦待开发。自从阜城调衡水后，他曾设想把衡水发展成“中国鼻烟壶基地”，有关领导也给予了支持，先后试验了“葫芦”、“瓷雕”、“烧磁”等传统品种，但由于缺乏专业技术人才，调又调不进，都以失败而告终。这当中既有技术问题，又有管理问题。即便机关领导支持，但在缺乏技术和人才的情况下，较短期间内开发成功的计划是难以实现的。二、外事活动的局限。衡水地区是三类行政地域，外宾非特许是不能来访的。从前两年的活动中，王习三深深感到内画艺术目前来说还是以对外为主，而外事活动的种种局限性，使不少工艺受到影响。如果在开放地区，他相信通过自己的努力，中国的烟壶艺术会对中华艺术的发扬产生更大影响。三、不良社会风气的干扰。自 1977 年衡水特种工艺厂建造以来，把本地区较有水平的美术爱好者陆续吸收到厂内，已经培养出了享誉国内外的一支技术力量，为省市争了荣誉，同时也创了一定数量的外汇收入。但是，不良的社会传言也因此而来，特种工艺厂受到了巨大冲击，对王习三本人也造成了不良的影响，这些都不利于内画艺术的发展。

细心的人可能会发现，王习三要求辞职，虽然对自己的去留意向并未做说明，但隐约透露出去意。衡水地区在河北省属于欠发达地区，这给发展内画艺术带来了种种局限，甚至已经使他难以承受。对于立志献身内画艺术的王习三来说，身体上乃至精神上的苦痛他都可以忍受，但是当艺术发展的空间受到限制的时候，他感到的是自己艺术人生路途的阻断，这是他唯一的“软肋”所在。王习三对衡水这方热土充满了眷恋，他忘不了苦难中给过他支持、援救、鼓舞的那块土地和人民。他要用他的艺术向他们做出回报。1972 年，他在大城市和农村之间选择了留下。成名后，新加坡、美国等国家曾用种种丰厚的物质条件吸引他前去定居，都被他婉言谢绝了。报纸上常宣传某人没有留恋国外优越生活而回国参加建设。若以此作标准，王习三被宣传十遍也不会举例重复。可现在，他想离开了，希望到一个开放的地区，继续发展他的内画事业。越是优秀的艺术家，对艺术的追求就愈加执著，王习三的选择，我们无可厚非。

但王习三最后还是没有离开衡水，报告写后整整两年，期间地市有关领导曾和他谈话，提出希望，要求王习三留下来在衡水继续工作。王习三答应了，但他仍然要求腾出更多的时间专心从事内画创作，1986 年王习三正式辞去了特种工艺厂厂长的职务，由弟子接任厂务管理工作。1988 年 12 月，王习三被调至衡水地区画院，担任名誉院长。而就在六个月之前的 1988 年 6 月 16 日，李鹏同志来衡水视察时，特地到衡水特种工艺厂参观，并听取了王习三关于冀派内画艺术发展的详细介绍，赞扬冀派内画技艺高超。临别时，李鹏同志签名留念。

应该说，最后同意王习三辞去特艺厂厂长的职务，是地市领导深思熟虑之后的决断。随着“冀派内画”海内外的扬名，王习三面临特艺厂的事务性工作越来越多，已经令他应接不暇。而随之出现的人为干扰也耗去了他相当的精力。本着爱惜人才、用好人才的原则，不再任厂长可以把王习三从越来越繁重的琐碎事务中解脱出来。衡水地区画院是相对清闲的单位，名誉院长是一个荣誉性职务，这样既可以给王习三提供一个良好的艺术创作环境，同时也方便他参加一些外事活动。地方能够做到的基本上如此，发展内画艺术依然是王习三的任务和使命。这样的安排，可以说是一个“以退为进”的策略。

这一年，王习三 50 岁，按中国传统来说，已经到了“知天命”之年。回顾一下，他研制的习三弯钩笔，已经得到最广泛的应用；油彩内画技法，提高了内画壶的表现力；以系列肖像鼻烟壶内画创作为标志，开拓了内画鼻烟壶的题材内容；他发起组织了中国鼻烟壶研究会，并破例连任四届理事长，开展了全国性的内画艺术学术交流；他开创了中国内画艺术中的冀派，培养出了一大批冀派内画艺术传人；他曾在日本、美国、加拿大、香港等国家和地区举办展览，作品被故宫博物院、中国工艺美术馆、一些外国大博物馆以及一批世界名人收藏……在人们的通常观念中，一位艺术大师终其一生才能够完成的，王习三已经全做到了，而且似乎做得还算好。这时候，荣誉像雪花一样劈头盖脸地笼罩了他的全身。他出国参加会议，人们因他的到会而感到荣幸；到外国访问，地方因他的造访而自豪。王习三大师已经成为了中国艺术的骄傲。

王习三比别人更了解自己的成就，但他也比别人更明白自己要走的道路。繁荣内画艺术的目标还远未完成，他并未停止前进的脚步——继续绘制新佳作，精心培养弟子，同时着手对内画艺术进行理论研究。

王习三明白，对于一个内画艺人来说，40岁至50岁是艺术上的黄金时期。太年轻，技艺欠成熟，同时少了人生经历的铺垫，功力也会欠火候；太年老，超过50岁，年龄不饶人，身体状况尤其是眼睛的健康情况又难以满足内画创作的需要。为了留给后人更多的内画精品，除了适量的身体运动，王习三坚持每天起来做眼保健操，出于保护眼睛的需要，他放弃了自己喜爱的电视节目。1987年，他个人的第三套系列烟壶“中国历代名君珍品图”完成。1988年，受霍英东先生委托，为英王伊丽莎白二世画像。1990年，受“第十一届亚运会组委会”委托，为法赫德亲王画肖像烟壶。1994年，绘制历届全国政协主席（毛泽东、周恩来、邓小平、邓颖超、李先念、李瑞环）内画肖像……

他的弟子们的作品日趋成熟，逐步形成自己的风格。这些火热的年轻人，没有辜负王习三的一片心意，几年之后，一个个都成才了。他们的内画鼻烟壶产品，交到天津外贸商店，都被评为上等品。他们牢记着师傅“德艺双馨”的教诲，在从艺的道路上保持着高洁的品格，将王习三所创冀派内画的技法连同师傅的“八德”一同继承下来。在这方古老的大地上，他们就像是一颗颗刚刚出土的珍珠，经过洗涤、擦拭，放出绚丽的光彩。

王习三认识到，作为一种文化产业，必须要注重文化产业的学术建设和理论建设，只有建立在完整、深厚的理论基础上，内画才会得到更好的传承和发扬。1987年，他将在广东汕头主持召开的第四届“中国鼻烟壶研究会”打造成学术会议。1989年他主持召开第五届“中国鼻烟壶研究会”年会，改选了理事长，进一步从事务中脱身出来。这期间结合自身经验和实践，他撰写了《烟壶艺术及其探源》、《内画芳英》等一系列论文及著作。1990年，王习三欣然接受邀请为《中国鼻烟壶珍赏》撰写了序和内画部分文字。他还以理论为依托，加强了新产品的开发。在不懈的努力下，王习三和他的冀派内画走上了一条健康、良性的发展轨道。

辞职后的王习三还拥有了更多的机会宣传他的内画艺术。1988年，他赴美国旧金山出席第二十届“国际中国鼻烟壶协会”年会，赴香港大会堂举行“冀派内画艺术展”；1990年，协助河北电视台拍摄文化宣传片“烟壶魂”，出席香港召开的第二十二届“国际中国鼻烟壶协会”年会，在北京工艺美术馆主持“河北省第二届民间艺术展”；1990年赴澳大利亚悉尼博物馆举办“中国烟壶展”；1992年10月份去香港参加《中国鼻烟壶珍赏》首发式，与中艺（香港）有限公司达成开设“天工阁”协议，设立首个专门销售高级内画作品的豪华品牌，年底去马来西亚参加“中国文化商品节”活动；1994年，赴新加坡参加“国际华人文化艺术博览会”；1995年，赴新加坡举办“中国冀派内画艺术展”，年底赴台湾举办“中国冀派内画艺术展”；1997年，赴美国旧金山“亚洲艺术馆”举办“冀派内画师生作品展”。凡是涉及推广内画艺术的活动，王习三似乎都有着无限的精力。

二 习三内画艺术院

随着改革开放的不断深入，王习三意识到河北有很多素质较高、技艺精湛的内画艺术家，内画艺术不能漫无目的地发展，要确保传统的艺术精品得到社会的承认，就需要把社会上已经出现的后起之秀荟萃到一起。这些人有自己的创作能力、自己的风格，甚至能创出自己的品种。把这样的人才组成一个艺术群体，让他们活动在同一个艺术院里，给他们一个良好的环境，使大家能有更多相互交流、探讨的机会，形成合力，他们就可以不断创新，不断拔高，他们的品位高了，创作出的作品就会更加精致，国内外对这门艺术就会刮目相看。“中国习三内画艺术院”的组建目的就在于此。1988年，辞去特艺厂厂长职务后，王习三得到大展拳脚的机会，也是在1988年，王习三开始筹备组建“中国习三内画艺术院”，后来人们习惯上称之为“习三画院”。他的目标是，遍收高精尖人才，利用群体优势，扩大冀派内画艺术在全国乃至世界的影响。王习三的想法得到了地委领导的高度赞扬和大力支持。王习三当时任衡水画院名誉院长，他的想法画院的人无不鼎力支持，加上王习三的崇高声望，简直就是一呼百应，“中国习三内画艺术院”以从来未有的速度成立了，画院把冀派内画精英汇集到了一起，拥有18位在海内外颇有影响的高级内画师。他们绝大多数是王习三的学生，甚至是学生的学生，大多具有独特的画风和精湛的技术，是冀派内画的佼佼者，其作品受到各国收藏家的好评。

习三内画艺术院将优秀的冀派内画人才吸收进来，增强了冀派画家的凝聚力。同时在王习三的推动下，内画院大力促进行业内外的交流，既提高画师们的技艺和眼界，也扩大了冀派内画的影响。画院成立后的第二年即1989年就举办了“习三杯内画展评赛”。

1989年，在国庆40周年之际，“冀派”内画艺术展评赛成为具有地方特色的活动之一。王习三特意在《衡水日报》发表文章说：

随着开放政策的日益深入，从事内画的人员有如雨后春笋。据初步统计，河北省各地市从事内画者不下3000人，其中我区约占3/4左右。这不仅为我国旅游事业提供了丰富的纪念工艺品，也为不少人脱贫致富开辟了新途径。然而令人忧虑的是由于一些画手本身艺术素质低劣和一部分人只顾赚钱，把大批粗制滥造的内画产品充塞到市场，不仅严重损害了来之不易的艺术信誉，也给工艺品的市场价格造成了很大冲击。因此，在发展内画事业的同时，还要大力提倡注重提高艺术质量，使冀派内画艺术更上一层楼。

令人振奋的是在众多的画手中，也涌现出不少把艺术视为生命、对作品精益求精、努力维护内画声誉的同志。他们在金钱与艺德面前，选择了后者。在鱼龙混杂、许多人逐利忘艺的潮流中默默无闻地为国内外绘制出一件件独具风格的精美工艺品。他们是冀派内画艺术的楷模。我们希望通过这次展评活动，交流经验，振奋精神，提高艺术水平，让冀派内画艺术在海内外艺坛上永葆青春。

这次冀派内画艺术作品展评赛达到了它的目的，为冀派内画艺术的发展指明了方向。参赛作者36人，106件作品；参展不参赛作品10件，作者3人。评选结果：获精品奖的1人，一等奖的3人，二等奖的1人，三等奖的8人，荣誉奖的3人，特别奖的1人。可以说，这是认识到内画艺术是一个大的文化产业后，“习三内画艺术院”自觉担负起提高艺术品位、增进学术交流、开发创新思维、沟通社会信息、推荐优秀人才、荟萃业内精英的工作。当年召开的“中国鼻烟壶研究会”年会上，专家们对“习三画院”的这次活动给予了积极、肯定的评价。

“习三画院”的名望很快传播开去，受外交部和有关部门的委托，多次为外国元首、社会政要、名人绘制内画肖像。仅1990年就先后有王习三大师绘制第十一届亚运会理事会主席——法赫德亲王肖像，康占营绘制国际奥委会主席——萨马兰奇肖像。这种具有历史意义的纪念礼品，受到众多的称赞。

三　培养高级内画人才的新途径

取得了一系列艺术成就并担当全国政协委员的王习三并没有仅仅沉浸在艺术创作之中，他想得更多的是如何让这个民间艺术不断传承发展下去，如何更好地利用这个民间艺术为家乡的人民谋福利。为此，他早就认识到，人才培养问题永远是艺术发展应当抓的问题，需要投入大量的精力，只有使内画艺术后继有人，才能把这门艺术传下去，弘扬下去。王习三还在创业之初，就注意了后备人才的培养。当时培养学生是以师带徒的办法，王习三先后招收了四批徒弟，也不过40余人，和传统老艺人带弟子相比，王习三已经可说是“桃李一片”了。但弘扬内画艺术需要更多能够进行内画创作的人来参与，仅仅靠40个人是不可能实现的。和现代的教、学相比，这种传统的人才培养方式还是比较落后的，主要体现在两个方面：首先它是一种作坊式的培养，不能形成规模化；其次，师傅的传授是身教胜于言传，缺乏系统性，可能会产生不利于徒弟以后发展的因素。王习三考虑到了传统带徒弟的弊端，努力探索出了一条培养高级内画人才的新途径。

1995年，经过长期的考察和筹划，王习三把自己多年的积蓄全部拿了出来，还广泛发动亲朋好友集资了100多万元，投资创建了“习三内画艺术学校”，简称“习三艺校”，由他的儿子王自勇担任校长，习三画院的一批高级画师担任授课教师。他们想要通过办学的形式，系统学习美术知识，从基础抓起，让内画从业者素质提高。此时，国内还没有任何一所学校拥有内画专业课程，更谈不上有成熟的教材教法。王习三亲自授课，亲自辅导，还把自己的藏书拿到学校给学生们阅读。一切都要从零开始，一边教学、一边编写教材、一边探索教法。“习三内画艺术学校”的画师们逐渐摸索出一套科学的、系统的教学方式。学校教学从素描、透视色彩、美术理论等基础课学起，指导学生打好坚实的绘画和书法基础，接下来才进一步进行内画技法的教授。这样培养出来的学生具有相对较高的审美层次和技术水准，进而能够在艺术道路的探索上做到渐行渐远。1996年，“习三内画艺术学校”经河北省教委考察后被批准为“中等专业学校”，正式被纳入了统招三年制中专学校行列，“习三内画艺术学校”也正式更名为“习三工艺美术中等专业学校”。这是全国唯一一所具有国家承认学历的内画中等专业学校，填补了艺术院校缺少内画专业的空白。几年下来，学校以系统、科学的教育方式，在素描、书法、美术理论和内画专业等方面给学生打下了坚实的基础，使学生毕业后既掌握了一定的理论，又能独立进行创作，为冀派内画艺术队伍的发展壮大源源不断地输送着人才。从这里毕业的学子，为冀派内画的发展注入了活力。在杭州举办的西湖博览会上，习三艺术学校有6名在校学生获得全国优秀奖。从办学至今，该校已为社会输送了2000多名优秀人才。

曾经有人对王习三广泛传授内画技艺的做法提出质疑，认为内画发展成这么庞大的一个从业群体并非好事，因为多数人技艺并不怎么高明，中低档产品也太多，这会毁了内画鼻烟壶精品艺术的传统形象。对此，王习三认为，内画从业人员的构成正像一座金字塔，真正高、精、尖的内画大师级人物，当然永远只能是少数。但是，这些大师级的人物也是从金字塔底层一步步走上来的，内画从业人员越多，金字塔底层越牢固，越能促进内画水平的整体性提高。

河北科技大学作为河北省重点建设的多学科性骨干大学，学科专业齐全，覆盖了河北省的优势产业和高新技术产业。作为全省较早开设工艺美术专业的高校，2002 年，河北科技大学力邀中国工艺美术大师王习三到校开展学术讲座，进行学术交流。在双方努力下，2002 年 12 月 12 日，河北科技大学成立了“中国冀派内画艺术中心”，王习三被特聘为中心教授。河北科技大学在全国首次把内画艺术引进了高校课堂，为提升内画艺术品位搭建了广阔平台。

中国工艺美术大师王习三走进河北科技大学，共同建设内画艺术专业，这使得高等教育资源、艺术学院的人才优势和专业教学水平与冀派内画的专业技巧、经验得以充分结合，便于理论联系实际开展教学，提高了内画艺术的教育教学水平。艺术需要传承光大，为此，河北科技大学领导表示，学校将把内画艺术作为重点学科进行建设，通过与王习三先生共同努力，让内画艺术得到更好的继承、创新和发展。

第四节　一代宗师

王习三大师住所的客厅里，挂着一幅耀眼的匾额，上书四个大字：“一代宗师”。这是庆贺王习三从艺 30 周年时，弟子们赠给恩师的礼物。王习三对这四个字当之无愧，他逆境成才，顺境展才，创立“冀派”，建立了辉煌的艺术宏业，为地区经济的发展和中华传统内画艺术的弘扬做出了无与伦比的贡献。1993 年底，衡水市被文化部命名为“中国内画艺术之乡”。冀派内画艺术在国内已是异军突起，发展成“现代最具实力”的画派，独领内画艺术风骚。无论在艺术风格、工艺技法、花色品种、从艺人员、社会影响等方面，冀派内画都暂居领先地位。正因如此，1998 年，在王习三年满 60 岁的时候，衡水市文联特别为“王习三从艺 40 周年暨冀派内画艺术创建 30 周年”举办了庆祝活动。同年，他接受河北电视台《燕赵之子》节目采访。2001 年，中央电视台“东方之子”节目也对王习三进行了采访。

王习三对自己过去一段时间的经历做了总结，令他感到特别欣慰的是，一手创立的“冀派”内画艺术正在一步步发扬光大，自己的弟子们已经成为内画艺术界叱咤风云的人物，内画艺术院的创立，增强了“冀派”内画艺术家的凝聚力，他们积极交流，共谋发展，为内画艺术的发展开拓着新路，“习三工艺美术中等专业学校”高效运转，培养了大批内画人才，其中不乏后起之秀。他几乎在各个方面都做到了最好，没有什么可遗憾的了，他可以安心地颐养天年了。然而，王习三说：“内画艺术是我的生命，我将用我的有生之年让它焕发出更多的光彩。”他以自己的行动让我们看到的是“老骥伏枥酬壮志，德艺双馨谱新篇”。

步入古稀之年的王习三已经多了一个最有力的帮手。大儿子王自勇 1991 年以优异成绩从河北师范大学毕业，成为冀派内画家群体中第一个具有大学学历的艺人。他像父亲一样苦心研习内画技艺，以其卓越成就被指定为冀派内画艺术杰出传承人。王自勇敏锐体察到，伴随着经济社会的发展，文化产业正如喷薄而出的朝阳，前途无量。在王习三已经为冀派内画在国内外树立了极高知名度的前提下，王自勇顺势而为，在内画行业较早注册了“习三”商标，成立了衡水习三内画艺术有限公司，为光大冀派内画艺术奠定了坚实的发展基础。联合国教科文组织文化项目官员，驻华代表卡贝丝女士在与王自勇交谈时，称赞他站在了时代前沿，用战略眼光让古老神奇的内画艺术焕发了耀眼的艺术光芒。

一　老骥伏枥

“冀派内画”线描技法丰富、设色协调精润，其创

王习三父子

作的鼻烟壶很多都是难得的精品，但却因为产自河北省衡水市的一个偏僻之地，很少有人上门采购。王习三看到这是阻碍内画产业化的最大瓶颈所在。创办一个内画展览馆，专门向世人展示精美的内画艺术，吸引更多的人来收藏内画，推动内画艺术产业化，是王习三一直以来孜孜以求的愿望。早在1991年，王习三就给省厅领导写过信，呼吁建立“鼻烟壶博物馆”。他认为，河北省有条件建成“鼻烟壶博物馆”，并一一列举：①我们有热心于此项事业的有关领导和专家；②鼻烟壶形体小，便于陈列，展馆面积不用很大；③展览期间可以就地取材，因陋就简，投资费用不大；④展品有源：我省各文物部门（博物馆、文保所、文物商店）及其他一些渠道能够征集到足够数量的品种不同的烟壶以供展示；⑤我省的烟壶艺术在国际上有较大影响，建立烟壶博物馆会得到关心和支持。他在信中说："我本人有幸掌握内画烟壶艺术，得到海内外人士的关怀，全赖社会主义制度之优越。否则，该艺术不是人亡艺绝，要么世袭家传，外人根本学不到。本人别无所长，唯愿以对事业的赤诚之心报效祖国。美国洛杉矶之'亚洲艺术馆'曾聘请我做中国烟壶展咨议员，被我辞却。我认为中国是鼻烟壶之乡，在中国本土成立"烟壶博物馆"是正本清源的事情，也是本人之夙愿。"但是，由于种种原因，"鼻烟壶博物馆"的建议一直没有能够实现。

王习三充分考虑到政府的困难，没有再过多地提及这件事。他把这个愿望牢牢记在心里，默默地进行着努力。1998 年，他感到时机成熟了，于是向衡水市委领导提出建言，希望自己能够在内画艺术之乡创办艺术馆，建言被迅速采纳。

《人民日报》1998 年 6 月 20 日第七版上刊发了一则小消息——《衡水有家鼻烟壶艺术馆》：在京九铁路京南第一大站衡水，全国首家"古今鼻烟壶艺术馆"日前正式揭牌。

由冀派内画艺术大师王习三创办的这家艺术馆，收藏了自清代乾隆年间至今各个历史时期的鼻烟壶艺术珍品，分为料器、陶瓷、金属、玉石、有机物、内画 6 大类 57 个品种。其中，王习三的“美国历届总统肖像系列水晶内画烟壶”，在美展出时曾引起轰动。各种小巧玲珑的山水、花鸟、人物烟壶，充分展示了这一中国特有艺术的无穷魅力。

但是，全国首家“古今鼻烟壶艺术馆”更像是一个个人收藏品展示的小店面，根本达不到王习三“展示平台”的要求，他忧心地告诉儿子：“冀派文化艺术是我创立的，最起码在我有生之年不能看它衰败下去。”一句话刺痛了王自勇的心，父亲的愿望就这样悄悄地长在了儿子的心里。2002 年 7 月王自勇去南方出差时，看到一家博物馆有很多人参观、购物，他很受触动。

为了实现父亲的想法，王自勇先斩后奏，偷偷卖掉了父亲收藏的“宝贝”——明代学者杨慎的书法作品，并劝说王习三把建展览馆的想法付诸实施。王习三起初很犹豫，他没有那么大的力量，虽然是冀派内画鼻烟壶的创始人，可是他一辈子在特种工艺厂工作，多年来几乎把所有财富都交给国家了，建一个展览馆得花几百万，对他来说是天文数字。然而看到王自勇的决心很大，他动心了，决定帮着出主意筹建内画展览馆。

但是筹集资金却困难重重。卖书法作品的钱只是杯

古今鼻烟壶艺术馆

水车薪，王自勇又琢磨上了父亲珍藏近20年的另一件宝贝——美国历届总统肖像鼻烟壶。这套鼻烟壶而今显得越发的珍贵，也是王习三收藏的唯一的自己的代表作，王自勇想把它抵押给银行。王习三当然舍不得，但看到儿子为了建成展览馆，累得一天天变瘦，他同意了。可是事情办起来却并不是想象中那么简单，由于艺术品难以估价，银行最终不批准贷款。父子俩多方奔走，终于得到一个企业家朋友的担保，王自勇才从银行贷款300万元。他们又向亲朋好友四处借款，凑齐了600万元。紧接着就是紧张有序地买地皮、建房子。

2003年2月，在王习三及其儿子的共同努力下，一座建筑面积达 1732 平方米的专业鼻烟壶展览艺术馆建成了。展览馆是建好了，展品又成了问题。王习三是冀派创始人，他虽然收藏了许多鼻烟壶，但还缺少一些别的流派的鼻烟壶。我国内画鼻烟壶有京、冀、鲁、粤四大流派，总不能让自己的内画展览馆名不副实吧。王自勇开始东奔西走，到处搜罗鼻烟壶。那些日子，他几乎大部分时间都是在外面搜购好的鼻烟壶。

好不容易才找来了 400 多件作品，总算开馆了。可是几个月过去了，馆内却常常是空无一人。展馆开得很不是时候，正赶上了当年的“非典”流行，王习三和儿子再次受到打击，如此下去，如何吸引内画买家前来，怎么能够生意兴隆，还清巨额债务？更别谈振兴冀派内画艺术了。方方面面的压力接踵而来，汇成两个字就是——还钱。

重压之下，王自勇想到了卖掉半个展览馆，望着才建成的展览馆，他犹豫不决。这时王习三帮他拿定了主意。用拆了东墙补西墙的办法，他把旧账还了，又借了新债。严酷的现实考验面前，王习三和王自勇在对传统的内画艺术的坚守中等待着出路。

2004 年 3 月，一对酷爱鼻烟壶的德国夫妇找上门来，买了 18 万的产品，这是展览馆建成后的第一笔大订单。从此冀派内画艺术产品的经营出现了新的转机。

此后，内画艺术之乡展览馆的发展走上了正途。他们搞了几十个展览，任何展览均响应免费参观的政策，每次展览都是上千人参观。展馆共分为四层：一层主要展销冀派内画艺术品及其他工艺美术品；二层分东西两个展厅，东厅为多功能展厅，可承接各种社会展览，内设巨型玻璃展橱，以便保护珍贵展品，西厅为鼻烟壶主展厅，以翔实的文字和实物介绍鼻烟文化及古今鼻烟壶种类，内画烟壶流派的历史、烟壶的制作过程、冀派内画简史及大师与弟子的力作；三楼为综合展厅；四楼是会议室。要上二楼看展览，必须经过一楼展销厅。弘扬内画艺术和经营文化产业有机结合起来。

中国内画艺术之乡展览馆在河北省、国内乃至世界都是独一无二的内画专业展览馆。这里用近 2000 平方米的艺术空间将中国内画鼻烟壶艺术的历史，用大量图片、文字、实物等展品立体化地展示给世人，并汇集了自明末至今的各个时期、各种材质、各种造型的近千件鼻烟壶珍品，囊括了国际知名的 40 余位内画大师的真迹。王习三大师在这里定期举办内画沙龙、书法沙龙、摄影沙龙，使这里成为展示内画艺术的载体，活跃中华文化的平台。开馆以来，他们没收过一分钱的门票，目的就是提高公众的文艺素养，扩大内画的影响。这里把内画艺术从幕后搬到台前，不仅成为收藏、展示、鉴定、研究鼻烟壶艺术的阵地，而且接待了大批的参观者，丰富了衡水人民的文化生活，为提高衡水知名度增添了一缕亮丽的光彩。中央政治局委员、中宣部部长刘云山，全国人大副委员长李铁映、许嘉璐，全国政协副主席周铁农、李蒙，河北省省委书记白克明、省委副书记赵世居等各级领导先后到展览馆参观，并给予高度评价。

出于展览馆的宣传需要，内画艺术之乡展览馆还配备了中国的第一所“流动性”博物馆——内画宣传车。它由一辆中型客车改建而成，车体顶部一个醒目的大标题“中国鼻烟壶艺术流动博物馆”，中间1米多高的车窗玻璃被制作成多宝格将部分鼻烟壶的精品进行展示。车身下面烤漆部分是对鼻烟壶的制作和发展的历史进行图文并茂的介绍，平时用于装行李的后备箱被巧妙地改造成了小型放映厅，在里面镶嵌了一个大屏幕液晶电视。当它停在文化广场或艺术节会场的时候，打开后盖，插上电源，一场鼻烟壶知识普及的生动课程便能随时上演，对扩大内画宣传起到了积极作用。

2004年10月中国内画艺术之乡展览馆被共青团河北省委命名为河北省青少年爱国主义教育示范基地，这里同时还是衡水市爱国主义教育基地、衡水市未成年人思想道德建设教育基地。现在，该馆已经是国家2A级风景区，这是我国第一个集研究、观赏、品评、购物于一体的内画艺术景点。

二 又谱新篇

伴随着冀派内画的迅速发展壮大，同行业间的不正当竞争，也使冀派内画发展蒙上了一层阴影。为了进一步规范冀派内画产业，推动内画艺术的健康发展，2005年1月，王习三和儿子王自勇积极倡导并发起筹备成立“衡水市冀派内画协会”，以达到加强管理、团结合作、增进交流、促进发展之目的。同年5月23日，中国工艺美术协会、河北工艺美术协会、中共衡水市委宣传部、衡水市文化局和衡水市文学艺术界联合会共同主办了庆祝“衡水市冀派内画协会”成立大会。成立大会上，河北省工艺美术协会和衡水市鉴于王习三在内画事业上的突出贡献，联合授予他“冀派内画泰斗”称号。大会确定了王习三为衡水冀派内画协会的首任会长，对王习三父子的积极筹备给予了积极肯定的评价。大会认为，衡水市冀派内画协会的成立是必要的、有益的，必将有力推动冀派内画艺术的发展，续写冀派内画的新辉煌。

冀派内画协会的成立标志着冀派的内画市场将走向正轨与稳定，并保持持续性发展，同时肩负起保护来之不易的内画成就和保证内画产业健康发展的重任。冀派内画协会的成立有力地监督和促进了冀派内画市场正常运营；引导了新产品的开发和新市场的开拓；组织扩大了对外贸易，增加了世界工艺品市场份额。在内画协会的带动下，衡水的内画声名远播，产品质量有了一个飞跃。

近两年来，王习三和儿子以冀派内画协会为龙头，以内画艺术之乡展览馆为平台，先后组织了多项活动："宜兴紫砂—衡水内画双壶联展"、"京冀两派内画精品联展"、"中国现代内画精品展"等。他们还积极组织参加了两届中国工艺美术协会举办的"中国工艺美术精品博览会"，首届"中国手工艺精品博览会"，取得了2金、3银5铜10项优秀奖的骄人业绩，拔高了冀派内画艺术的金字塔塔尖。通过冀派内画协会，他们还对山东、江苏、浙江、安徽、上海四省一市经销内画产品的旅游点，核发了"来自中国内画艺术之乡——河北衡水"的证牌工作，进一步光大了河北文化形象。

与此同时，王习三还积极进行内画艺术的理论建设，并做出杰出成就。在长期的创作实践中，王习三认识到，光有实物没有理论的内画艺术是不完全的艺术。尤其是内画院和艺术成立以来，王习三和他的弟子们越发感受到了理论缺乏的局限。2004年年底，在积极进行学术探索的同时，本着正本清源、理清传承的理念，王习三和弟子不惜代价编撰《中国内画图典》，该书于2005年由河北美术出版社出版，是中国内画史上第一部权威性参考文献。他们以科学客观的治学态度，遵循历史的、审美的研究方法进行全书的构思与编写。为名家立传完全依据内画发展史，绝不厚此薄彼，表现出了可贵的艺术风范。全书内容翔实、思路清晰、观点客观明确，为今后中国工艺美术事业的研究和发展提供了清晰、准确的参考资料。2005年这本书一问世就成为研究内画的重要参考书和值得典藏的工具书。

国际鼻烟壶专家许谟士在《中国内画图典》的序言中写道："……我对此艺术的关注从内画烟壶的早期至20世纪70年代的王习三和刘守本。尽管我发现一本近代内画画师的书（梁知行编著的《中国内画鼻烟壶新貌》），还是不能跟上这种艺术形式的发展。"王习三主持编纂的《中国内画图典》则紧跟时代，宣传内画艺术，推荐艺术精英，反映新中国成立以来内画产业的新发展，一定程度上弥补了这种缺憾。

内画艺术发展到今天，在各方面已基本具备出版杂志的能力，行业内部也亟需一个全面反映内画的学术天地。在王习三的积极努力下，衡水市冀派内画协会也积极推进内画界的学术交流和理论建设。由衡水习三内画艺术有限公司出资，中国工艺美术协会鼻烟壶专业委员会、冀派内画协会、衡水习三内画艺术院联合主办的《内画艺术》是目前我国内画艺术领域唯一注册的连续性刊物。刊物的主要内容包括：烟壶史话、艺人坊、论坛天地、技法交流、收藏指南、内画新秀等栏目，该杂志的出版弥补了内画艺术界多年来没有学术交流平台的空白。

还是在2005年，鉴于内画行业中也存在盗名窃誉、假冒伪劣等不良现象和其他不端行为，本着理清传承，为今后中国工艺美术事业的研究和发展提供清晰、准确的传承资料的观念，经社会各界人士和台湾收藏家建议，王习三决定进一步正本清源，参照中国武术界、戏剧界的做法，郑重举行拜师礼仪活动。5月23日，借衡水内画艺术之乡展览馆举行“纪念内画宗师叶仲三先生逝世六十周年京冀两派内画精品展”之际，河北省政协、业内同仁及衡水市文化部门有关领导出席，冀派内画弟子在展览馆举办了“冀派内画弟子拜师仪式”。此次拜师弟子共38名，依照随王习三从艺先后为序，弟子们分别拜师并接受由王习三签署的认证证书。本次拜师仪式弥补了弟子们的遗憾，同时，对于提倡尊师重道、弘扬华夏传统美德、扩大冀派艺术影响力等方面都具有深远的意义。

三　内画泰斗

2006年6月，由王习三创建的、以原产地命名的衡水内画，不是凭借悠久的发展历史，而是靠广泛的影响力顺利入选全国首批518项非物质文化遗产名录。国家对衡水内画给予了充分的挖掘保护，集中体现了党和政府对传统民族文化的重视和关心，为冀派内画艺术发展创造了良好的发展环境。这也让更多的内画艺术家感受到了自己肩膀上沉甸甸的责任。12月，衡水习三内画艺术有限公司的内画壶获得联合国教科文组织杰出手工艺品徽章认证，成为我国获得此项认证的13个项目中的一员。这成为当年河北省标志性的文化事件，得到了省市领导的高度赞誉。国家非常重视非物质文化遗产的保护，2007年6月5日，经国家文化部确定，河北省衡水市的王习三为“衡水内画”文化遗产项目代表性传承人，并被列入第一批国家级非物质文化遗产项目226名代表性传承人名单。

这之前的5月，在河北省首次聘任省政府参事和省文史研究馆馆员大会上，冀派内画创始人、中国工艺美术大师、冀派内画泰斗王习三被聘任为河北省文史研究馆馆员，成为衡水市获此殊荣的第一人。省长郭庚茂亲自为他颁发证书。河北省文史研究馆是省政府直属机构，是省政府领导的、以党外高级专家学者和知名人士为主体的参政咨询和智囊机构，具有鲜明的统战性和荣誉性，主要职责是组织、引导馆员积极开展文史研究、艺术创作、文化交流和社会性文化咨询活动，弘扬中华民族优秀传统文化，引领社会主义先进文化，提升整个社会的文化品位，打造燕赵文化品牌。这次，省文史研究馆首次向全省聘请了 15 位馆员。

此时，冀派内画已拥有国家级工艺美术大师 2 名，省级大师 12 名，年产内画作品数十万件，其中精品 2000 余件，是衡水市重要的文化产业。

40 多年的呕心沥血，王习三绘制了逾千件鼻烟壶内画珍品，培养出了一代又一代内画艺术新人。他的作品以其博大精深、蔚为大观的独特艺术魅力，成为欧洲市场竞相收藏的珍品。他的“冀派”内画艺术的创立与发展，使中国内画进入了世界艺术之林，并被誉为袖珍艺术品。而且，他个人创作的内画作品，也成为中国和世界之间，艺术界、商界和政界之间相互交流、传播友谊的媒介和象征物。

而王习三奉献给河北人民的，更不单单是他为这片土地创造的有限资产和一个“冀派”内画艺术的概念。他组建了一支大军，培植了一门艺术。他使名不见经传的河北省衡水市，骤然间变成了国际知名的艺术城市。他所创造出的物质财富与精神财富，他在世界上取得的功绩和产生的影响，不是能够用有限的数字计算的，更不是用华丽的溢美之词可以形容的！

年届古稀，荣誉等身，很多人都认为王习三可以就此搁笔，颐养天年了，可他没有“退休”。有生之年，他要为做大做强中国内画艺术产业贡献自己的力量，把自己掌握的这门技艺更广泛地奉献于社会、更多地造福于人类。近年来，王习三先后谢绝了国内外的高薪聘请，立足家乡，不断为衡水市的经济文化发展出谋划策，招商引资……王习三大师是人民的大师，伴随着时间的流逝，人民大师身上的光环日益焕发出新的光彩。

2008年对于全体中国人来说都是极不平凡的一年。5月12日，发生于四川汶川的大地震举世震惊。灾难面前，全国各族人民万众一心、众志成城，唱响了一曲感天动地的爱的颂歌。面对着这感天动地的一幕幕，冀派内画泰斗、中国工艺美术大师王习三积极呼吁画院艺术家参与赈灾。地震发生的第二天，以王习三为首的大师们眺望川蜀，悲怆创作，把满腔爱国情怀倾注于笔端。在王习三的指导下，衡水市习三内画艺术院最优秀的内画艺术家们连夜合力创作。历时一月，将抗震救灾的壮举绘入八件内画系列作品中。“突如其来的灾难”、“武警官兵紧急救援”、“胡锦涛总书记亲临灾区”、“温家宝总理指挥救灾”、“小朋友折叠千纸鹤为灾区祈福”、“生命的呼唤”……大师们的内画作品以真实的画面记录了灾后场景、生命渴求、领导人关怀、救灾场面、众志成城、祈福中国等场景，表达出冀派内画艺人的拳拳之心、眷眷之情！按计划，抗震救灾系列内画作品于2009年捐献给了四川正在筹建的抗震纪念馆。王习三说，作为艺术家，他有责任贡献自己的一份力量。他恳切希望通过冀派内画艺术家的努力，让全国人民受到教育，从而鼓舞人民斗志，更好把灾区建设好。

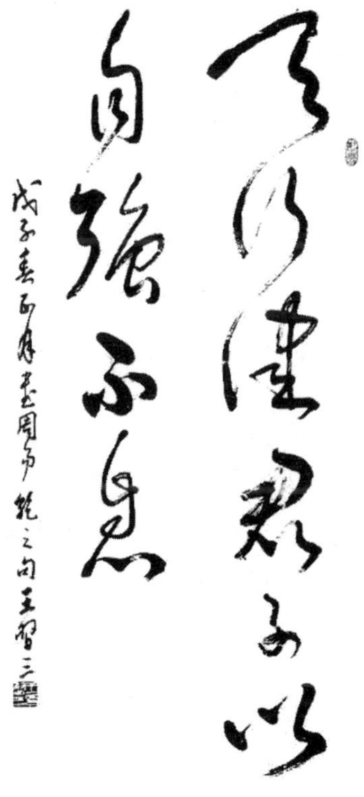

2008年是中国的奥运年，王习三作为文艺界的代表被确定为北京奥运会的火炬手。而此前《人民日报》（海外版）、《北京奥运特刊》主办的“全球华人笔墨丹青迎奥运”北京奥运书画征集活动中，王习三已经就北京奥运书画征集组委会的邀请创作了奥运书法作品。经组委会的严格审选，王习三所书《周易》名句“天行健，君子以自强不息”成为衡水市首批捐赠作品，还被发表在人民日报海外版。奥运火炬的传递，王习三参与了整个世界的连接，在属于他的那一棒，他用自由自在的奔跑，用自己的人生经历为奥运添上精彩的一笔。火炬传递后王习三表示：“有机会举起祥云火炬是我人生中的一件大事，我一辈子都会铭记在心。虽然路不长，但却神圣无比，每一步都包含着责任和义务，我会时刻用奥运精神激励自己，努力把冀派内画发扬光大。”

此后，衡水市邮政局加紧设计制作了王习三作为北京奥运会火炬手的个性化邮票，记录了这一难忘的历史时刻。

时至 2009 年 5 月 9 日，在北京举行的当代内画艺术春季拍卖会上，王习三大师的竞拍作品压轴出场，《结伴》以 40 万元人民币成交，《百蝶图》以 45.5 万元成交，创下当代中国内画艺术作品拍卖价格新纪录……

作为人民的大师，内画艺术的泰斗，王习三是一位真正的德艺双馨的艺术家，他无愧于旗帜的赞誉。这面旗帜不仅仅是衡水市九三学社的旗帜，更是呈献给全中国人的一面旗帜，一面需要我们永远打下去的旗帜！

一代大师的人生是不可能用笔触描绘完整的，在本书的最后，请允许我们用九三学社衡水市委的一封贺信结束全文，附带上对大师的深深敬意！！

九三学社衡水市委致王习三大师七十华诞的贺信

尊敬的王习三大师：

值此您七十华诞之际，九三学社衡水市委及全体社员谨向您致以诚挚的祝贺和衷心的祝福。

回首您走过的七十年辉煌历程，您勤奋好学，刻苦钻研，对内画艺术锐意探索、追求、革新。您博采众家之长，匠心独运，首创冀派内画艺术，培育出这朵工艺美术园地的奇葩，博得世人的喝彩。您的作品意境高雅、气韵生动、浑厚质朴、形象逼真，使内画艺术进入了炉火纯青的境界，被誉为冀派内画的代表，中国内画艺术的骄傲，不愧为“冀派内画泰斗”的称号。

您亲手创建了习三内画工艺美术中专学校和中国内画之乡展览馆，促进了内画艺术的发扬光大和产业化发展，推动了工艺美术事业的发展，弘

扬了中华传统文化。您有强烈的社会责任意识，热心各种社会公益活动，扶危济困，奖掖后学。您不仅是一位优秀的艺术大师，也是一位德高望重的社会活动家。

您虽历经磨难，但一直坚信并拥护中国共产党领导的多党合作和政治协商制度。是您和衡水九三的前辈一起启动了九三在衡水的活动，成立了九三学社衡水直属小组。您作为九三学社衡水市委员会第一届主委，对于衡水九三学社组织的发展壮大功不可没。您为人豁达，严于律己，平易近人。您虚怀若谷，坦诚协商，作风民主。您以辉煌卓绝的艺术成就，正直谦和的为人之道，民主科学的领导艺术，赢得了全体衡水九三人和社会各界的敬仰与尊重，成为引领衡水九三前进的一面旗帜。

古稀已庆，期颐可待。让我们再次恭贺您的七十华诞，祝您永远健康长寿，生活幸福，万事如意，并祝您永葆青春，永葆艺术活力！

九三学社衡水市委

2007 年 5 月 24 日

后　记

为开展九三学社重要社史人物研究，宣传九三学社的光荣历史和重要人物的先进事迹，发挥社史工作资政育人的重要作用，2007 年九三学社中央开展了“九三人物系列丛书”课题招标活动。九三学社河北省委高度重视，组织发动各市级组织积极上报课题，九三学社衡水市委根据上级指示精神，申报了研究课题——《玉壶冰心——王习三和他的内画艺术》，经九三学社中央评审，正式列入“九三人物系列丛书”课题项目。项目下达后，省市两级社组织成立了以丛斌主委为组长，由专家学者、九三成员、内画艺术界代表人士组成的课题研究组。自 2007 年 6 月以来，在九三学社河北省委的领导下，经过近两年来的大量调研、座谈、走访，并多次征求王习三大师本人意见，几易其稿，于 2008 年底形成九三学社人物传记体裁的《玉壶冰心——王习三和他的内画艺术》初稿。之后为了确保课题研究质量，圆满完成九三学社中央交办的任务，多次召开专题座谈会，请大师弟子、九三学社社员及有关人士提出意见、建议，最终形成此稿。因水平所限，敬请批评指正。

在成书过程中得到九三学社中央研究室主任岳庆平的指导，课题组表示感谢。

课题组